DIEDERICHS GELBE REIHE

herausgegeben von Michael Günther

George William Russell – A. E. (1867–1935)

George William Russell
A. E.

Weg zur Erleuchtung

Visionen eines modernen keltischen Sehers

Aus dem Englischen übersetzt und
herausgegeben von
Sylvia Botheroyd

Eugen Diederichs Verlag

Die Originalausgabe erschien unter dem Titel
The Candle of Vision
bei Macmillan, London 1918.

Der Umschlag zeigt ein Motiv aus einem Wandgemälde aus »The Household«, Dublin, das von Russell und Yeats signiert ist; mit freundlicher Genehmigung von Dr. Colm McDonnell, Dublin, und Colin Smythe, Gerrards Cross.
Das als Frontispiz verwendete Porträt Russells schuf Sydney Davies 1917, The National Gallery or Ireland, Dublin.

Die Deutsche Bibliothek – CIP-Einheitsaufnahme
Russell, George William
Weg zur Erleuchtung: Visionen eines modernen keltischen Sehers / George William Russell – A. E. Aus dem Engl. übers. und hrsg. von Sylvia Botheroyd. – 2. Aufl. – München: Diederichs, 1996
(Diederichs Gelbe Reihe; 95: Irland)
Einheitssacht.: The candle of vision <dt.>
ISBN 3-424-00967-9
Vw: A. E. [Pseud.] → Russell, George Wilhelm

2. Auflage 1996

Lektorat: Irina Mamula, Hamburg
Umschlaggestaltung: Zembsch' Werkstatt, München
Produktion: Tillmann Roeder, München
Satz: Uhl + Massopust, Aalen
Druck und Bindung: Pressedruck, Augsburg
Printed in Germany

ISBN 3-424-00967-9

Inhalt

George William Russell – A. E., das myriadenfache Genie

Wohl wegen der Seltenheit des echten Mystikers in der Kulturgeschichte Mitteleuropas – besonders zur Zeit des ungebremsten Materialismus im 20. Jahrhundert – hängt dem Begriff »Mystiker« der Ruch des Weltflüchtigen, dem der Materie feindlich gegenüberstehenden, irrationalen, puritanischen Asketen an, der sich in seiner privaten Beziehung zu seinem Gott erschöpft und von den Belangen der Erde und seinen Mitmenschen möglichst wenig wissen will.

Der *mystikós* ist ursprünglich derjenige, dessen Augen und Lippen angesichts der Mysterien versiegelt sind; der Mystiker wendet sich während seiner Schau von der alltäglichen Welt ab, müht sich aber, seinen Einblick in heilige Wahrheiten, die weder gedanklich noch sprachlich präzise erfaßbar sind, in Worte zu kleiden.

Der wahre Mystiker, und als solcher ist George William Russell bereits zu Lebzeiten in der englischsprachigen Welt gefeiert worden, nützt seine Einsicht in das Jenseitige zum Wohle der Menschen im Diesseits. Er sieht sich als Brücke zwischen der irdischen und der geistigen Welt, wobei der erste Pfeiler fest im ganz Normal-Alltäglichen gründet, während der andere mit derselben Selbstverständlichkeit im Übersinnlichen ankert. Das führt zu einer Lebenshaltung, die beiden Seiten denselben festen Realitätsgrad zuteilt – nicht nur ist Weltflucht dadurch ausgeschlossen, sondern auch jede Form der Weltverachtung –, denn im tiefsten Grund bilden die beiden Welten eine Einheit.

Russell fand früh zum Ausgangspunkt für eine solche Haltung, bereits der 23jährige kann im Vorwort zu seinem ersten Gedichtband *Homeward: Songs by the Way* seine tiefste Überzeugung in einfacher, eindrücklicher, an William Blake[1] gemahnender Sprache souverän ausdrücken: »... in living I learned the truth at last. I know I am a spirit, and that I went forth in old times from the self-ancestral to labours yet unaccomplished ...«[2] Diese Auffassung seiner selbst, als eine sich auf der Pilgerschaft befindliche, vom Ur-Ich losgelöste, geistige Entität, echot die eine Woche vor seinem Tod an seinen Freund Henry Wallace gerichtete Abschiedsbotschaft fast wörtlich: »To you, dear Henry, as to myself, death does not make much matter. There is an eternal pilgrimage and a return and we understand each other«; »Für dich, lieber Henry, wie auch für mich, ist der Tod nicht von großem Belang. Es gibt eine ewige Pilgerfahrt und eine Heimkehr, und wir verstehen einander«.

Dieses Bewußtsein, die Einsicht, daß alles, was auf dieser Erde ist, vom Stein bis zum Menschen, denselben Geist beherbergt, trug ihn nicht nur durch alle Fährnisse einer öffentlichen Figur während der turbulentesten Epoche der modernen irischen und kontinentalen Geschichte, sondern ließ ihn konsequent ein Leben lang für die Schwächsten eintreten, gab ihm die Kraft, ein enormes Arbeitspensum zu bewältigen, und bildete die Quelle sowohl seiner künstlerischen Betätigungen als auch sei-

1 William Blake (1757–1827): visionärer Dichter, der seine eigene Mythologie mit der dazugehörigen Sprache schuf.

2 »... durch das Leben lernte ich endlich die Wahrheit. Ich weiß, daß ich ein geistiges Wesen bin und daß ich, in ferner Vergangenheit, aus dem Ur-Ich losgezogen bin zu noch nicht vollendeten Arbeiten ...«

ner mystischen Erlebnisse. In diesem Sinne trat er an alle Wechselfälle in seinem ungewöhnlich vielfältigen Leben heran, was ihm, zur Bewunderung seiner Zeitgenossen, zu einem ungewöhnlich hohen Maß an Gleichmut verhalf, und zwar bei persönlichen Schicksalsschlägen ebenso wie in solch brisanten Lagen wie z. B. dem irischen Unabhängigkeitskrieg und dem darauffolgenden Bürgerkrieg. Als Nebeneffekt ergab sich einerseits eine natürliche, tiefempfundene Bescheidenheit, andererseits eine freundliche Selbstironie, wie sie z. B. aus den Zeilen an seinen Freund und Lehrer James Pryse sprechen, in denen er seine Biographie zusammenfaßt. Er behauptet in komischer Verzweiflung, Malen sei das einzige, was ihm Freude mache, sogar die Natur habe für ihn vorgesehen, daß er Maler werden sollte, statt dessen sei er ein verseschreibender Büroangestellter geworden, und als er gute Gedichte zustande gebracht habe, sei er kreuz und quer durch Irland geschickt worden, um Bauern zu organisieren. Kaum habe er ein paar Artikel über diese geschrieben, habe man ihn zum Redakteur eines Landwirtschaftsblattes gemacht, und als er schließlich gelernt habe, wie das gehe, sei er in die Politik hineingezogen worden, und jetzt gebe er eine Wochenzeitschrift heraus, die sich mit Politik, Literatur und Ökonomie befasse ...

Ernsthafter ausgedrückt, war er sich immer bewußt, daß nicht er, sondern höhere Mächte sein Leben behüteten und zu seinem Besten lenkten, wenn er sich nur selbstlos für sie öffnete. Sie führten ihn bis zu dem Punkt, wo er, zu einer wahren Institution geworden, zu internationalen Ehren kam oder als visionärer Maler und Dichter gefeiert wurde. Und dabei war nun von seiner Herkunft her eine solche Laufbahn wirklich nicht vorauszusehen.

George William Russell kam am 10. April 1867 in Lurgan im heutigen Nordirland, einem typischen, respektablen Pflanzerstädtchen mit protestantischer Überbetonung und einem starken Quäkeranteil, als jüngstes von drei Kindern zur Welt. Konservatismus, Konventionen, gepaart mit einer guten Dosis religiösem Fanatismus, waren die Grundelemente des Ortes, in dem der Junge die ersten elf Lebensjahre verbrachte. Sein Vater war Buchhalter in einer Batistfabrik, ein frommer, allem Kulturellen gegenüber offener Mann, seine Mutter hatte vor ihrer Heirat in einem Geschäft gearbeitet. Sie waren achtbare, wohlangesehene Menschen und gute Protestanten. Wenn auch wohlwollende Eltern und gute Nachbarschaft den allgemeinen Eindruck auf das Kind etwas gemildert haben dürften – Russell schrieb jedenfalls später, er könne der Vorsehung nicht genug danken, daß sie ihn aus der politischen und religiösen Atmosphäre Ulsters herausgeholt habe, obwohl ihm die Menschen dort an sich sympathisch waren. Er beschreibt sich als ganz normalen Jungen, der Flausen im Kopf und eine Vorliebe für Wildwestabenteuer und actiongeladene Romane hatte, wie alle anderen heimlich Rauchversuche machte und wenig von dem lernte, was er wirklich fürs Leben brauchte. Dennoch gewann er während seiner Schulzeit mehrere Preise für gute Leistungen, und das, obwohl die damaligen pädagogischen Methoden äußerst phantasielos und restriktiv waren. Überdies fiel sogar seinen Klassenkameraden auf, daß er über dem Durchschnitt stand, sonst hätten sie ihm nicht den Spitznamen »das Genie« angehängt. Der 16jährige war jedenfalls allen mit seiner Leidenschaft für die Malerei weitaus überlegen und durfte sein Talent auch in Abendkursen fördern, zuerst an der Metropolitan School of Arts, später an der Royal Hibernian Academy of Arts in Dublin. Dort zog er gleich alle Aufmerksamkeit auf sich, da er sich weigerte, wie üblich nach Modellen zu malen, sondern sich die Motive in seiner Vorstellung suchte und mit erstaunlichem Geschick auf die Leinwand brachte.

In diesen Zeitabschnitt fiel, was er in *The Candle of Vision, Weg zur Erleuchtung*, als seine spirituelle Erweckung beschrieb. Plötzlich, während seiner Ferien, auf einer Wanderung in den Hügeln von Armagh, stellten sich Bilder in herrlichen Farben von unbekannten Welten und Landschaften ein, Visionen aus heiterem Himmel. Er spürte, wie sich in ihm ein anderes Leben eigenmächtig zu rühren begann, wie der »Pilger der Ewigkeit«, den er im theosophischen System als sein höheres Ich kennenlernen sollte, von ihm Besitz ergriff und zu ihm in einer »Sprache, die schwer zu übersetzen war«, sprach. Überdies merkte er, wie er auf den vom Geißblattduft erfüllten Wegen von geistigen Wesen »aus der wahren Heimat des Menschen« beobachtet wurde, die ihn als ihren Kameraden erkannten: »Für einen Augenblick schien mir fast, als vermischte ich mich mit ihrer Ewigkeit!« Die alltägliche, sichtbare Welt erschien ihm wie ein gewirkter Teppich, ein Werk der Götter, hinter dem sich das Paradies verbarg.

Solche mystischen Augenblicke erschreckten den Halbwüchsigen und verwirrten ihn, machten ihn einerseits unsicher und scheu, erfüllten ihn aber auch mit überschwenglichen Glücksgefühlen, so daß er das von Teenagern ohnehin bekannte Wechselbad der Gefühle über Jahre hinaus ganz extrem erlebte. Andererseits dürfte dieser emotionale Druck der Auslöser für seine ersten Gedichte gewesen sein, worin er seine übersinnlichen Abenteuer schilderte. Möglicherweise wußte er schon damals, daß er lernen mußte, mit diesen Erleuchtungen umzugehen, ein System benötigte, um sie einzuordnen, und genügend Disziplin, um sie – wenigstens begrenzt – zu steuern. 1884 lernte er über William Butler Yeats, seinen um zwei Jahre älteren Kommilitonen an der Kunstschule, mit dem ihn eine lebenslängliche, wenn auch mit zunehmendem Alter merklich kühlere Freundschaft verbinden sollte, die Schriften der Helena Petrowna Blavatsky[3] kennen. Daraus entwickelte sich nach eineigem Zögern eine immer intensivere Beschäftigung mit der Theosophie, der er sein Leben lang treu blieb, obwohl er schließlich mit der Organisation brach. Um sich gänzlich auf das Studium derselben konzentrieren zu können, gab er sogar seine persönliche Ambition auf, Maler zu werden. Der nun 23jährige fand Arbeit als Büroangestellter, in dem damals schon ehrwürdigen Tuchgeschäft Pim in Dublin, was ihm den nötigen, wenn auch bescheidenen finanziellen Rückhalt gab, um sich die nächsten sieben Jahre mit alten Religionen, esoterischen Lehren und übersinnlichen Phänomenen auseinanderzusetzen, und, am allerwichtigsten, sein spirituelles Leben zu entwikkeln. Jetzt trat er in die Theosophische Gesellschaft ein, wo er Vorträge nicht nur besuchte, sondern bald auch selbst hielt und Beiträge in Prosa und Vers für das Organ, *The Irish Theosophist*, verfaßte. Ab 1891 gehörte er zum »Haushalt«, einer theosophischen Wohngemeinschaft, der u. a. Daniel Dunlop, der in anthroposophischen Kreisen eine große, wenn auch bis vor wenigen Jahren umstrittene Rolle spielte, seine zukünftige Frau Violet

---

3 H. P. Blavatsky (1831–91), Begründerin der modernen Theosophie; s. die von Sylvia Botheroyd neuübersetzte und herausgegebene Schriftenauswahl: *Theosophie und Geheimwissenschaft*, München 1995.

North und sein Lehrer James Pryse angehörten. Es war eine glückliche Zeit für den jungen Mann, trotz knapper finanzieller Verhältnisse – aber er war bisher nicht auf Rosen gebettet gewesen und sollte es auch sein Leben lang nie sein. Hier fand er Freunde, mit denen er seine mystischen Erlebnisse teilen konnte, ein Grüppchen Menschen, mit denen er sich stillschweigend verstand.

Russell hatte bereits als Kind gegen das patriarchalisch-repressive Gottesbild der Kirche seiner Eltern innerlich rebelliert. Obwohl er keiner orthodoxen Konfession angehörte, bestätigten ihm seine Zeitgenossen tiefe Religiosität und echte christliche Handlungsweise. Madame Blavatskys Definition von Theosophie gab Russell den ersehnten, weitgespannten Rahmen, worin er sich den europäischen Mystikern, vom Mittelalter bis zu seinen Zeitgenossen, den klassischen, aber auch den chinesischen Philosophen, den Lehren der Sufis, und mit besonderem Nachdruck den indischen heiligen Schriften widmen konnte, allen voran den *Upanischaden*, der *Bhagavadgita* und den *Yoga Sutras*, die die Theosopische Gesellschaft herausgab. Darüber hinaus, da Theosophie die Selbsterkenntnis betont, fand er den Raum zum Verifizieren des Gelesenen durch eigene spirituelle Erfahrung und zum Experimentieren mit den verschiedensten Ideen und Phänomenen. So versuchte er beispielsweise, die ursprüngliche Menschensprache als Abglanz des göttlichen Logos zu finden oder die Gesetze von Telepathie oder Traum zu erforschen. Zwar hatte er die Malerei als Beruf für sich aufgegeben, da er u. a. fürchtete, seinen Willen damit zu schwächen, aber dennoch schmückte er die theosophische Loge und später sein Haus und Büroräume im Plunkett House mit herrlichen Wandgemälden, die zum Teil noch erhalten sind: von göttlichen Wesen im gestirnten All, der Pilgerschaft der Seele, Vögeln, Pflanzen, Elementargeistern und Menschen in prächtigen Gewändern, alles Motive aus Russells Visionen und Träumen.

Der Kernpunkt, zu dem er immer wieder zurückfand und um dessentwillen er letztlich *Weg zur Erleuchtung* schrieb, war die sorgfältig ausgeführte Meditation. Er praktizierte sie, zu Beginn in erster Linie als rigoroses Willenstraining, über lange Zeiträume und erlebte dabei, wie sich sein Gehirn mit Licht erfüllte, wobei er seine eigene, innere Welt ausleuchten konnte und Zutritt zu seinem eigenen Unbewußten fand. Dabei stiegen ihm nicht nur Bilder vergangener Kulturen und möglicherweise früherer Leben auf, sondern er erwarb sich aus eigener Anschauung, was er als spirituelle Wahrheiten erkannte: »... beim Meditieren brach zuweilen ein fast unerträglicher Lichterglanz in mich ein, klare, strahlende Gesichter, blendende Prozessionen von Gestalten, uralte Orte und Völker und Landschaften, so lieblich, wie das verlorene Eden.« Anfangs schienen diese ihn wenig mehr anzugehen als »Bilder auf der Straße draußen«, aber mit der Zeit griffen sie auf Sphären über, die ihm das Wirken des Göttlichen veranschaulichten.

Die Betonung der Willensschulung, die er den Lesern von *Weg zur Erleuchtung* gern ans Herz legt, läßt sich auf seinen Glauben zurückführen, diese Seite seines Wesens in einem früheren Leben vernachlässigt zu haben, weswegen ein Defizit nachzuholen sei. Praktisches Nebenprodukt dieser Übungen, die ihn in der ersten Zeit in Minuten mehr erschöpften als ein Tag schwerster körperlicher Arbeit, waren ein außergewöhnlich weitreichendes Gedächtnis, eine immer größere Sicherheit im Auftreten und das immer stärkere Bewußtsein der Verpflichtung seinen Mitmenschen gegenüber. Letzteres wurde vom Verständnis genährt, daß sich im Nächsten derselbe Geist wie im eigenen Wesen manifestiert, was die Menschen zu Brüdern macht – »wir sind alle Kinder des Königs« –, gleichgültig, welcher Rasse, sozialen Klasse, Religion, Farbe oder Bildung sie angehören.

Ein auf diese Weise erweitertes Bewußtsein gab dem in ihm seit seiner Schulzeit anwesenden, aber wieder eingeschlummerten Interesse an Irland und seinen nationalen Bestrebungen neuen Auftrieb. Jetzt erkannte er, wie in jeder Beziehung versklavt sein Land infolge der rund 700jährigen Kolonialherrschaft und der doktrinär gewordenen Kirchen doch war. Er beschäftigte sich nun nicht nur über die irischen Sagen mit der keltischen Mythologie und suchte Parallelen zu östlichen und klassischen Göttersystemen, wobei ihm wie Schuppen von den Augen fiel, daß sich das alte Irland kulturell durchaus mit dem klassischen Griechenland oder Indien messen konnte, sondern er fing an, das zeitgenössische Irland um sich herum kritisch wahrzunehmen. Die Folge davon war, daß er sich schließlich mit seiner ganzen, beträchtlichen Kraft in die irische Renaissance hineinstellte. Jetzt schrieb er Gedichte, die ihren Stoff aus den irischen Sagen bezogen oder von druidischen Mysterien handelten, Artikel, die die Götter und großen Helden vorstellten und Irlands heroisches Zeitalter schilderten.

Im Sommer 1896 richtete sich seine Hoffnung und ganz allgemein die der Theosophen auf einen Avatar, einen aus der geistigen Welt gesandten Meister, der Irland einem neuen Zeitalter entgegenführen sollte. Zwar verließ diese

Hoffnung Russell nie ganz – sein letztes großes Prosawerk, *The Avatars*, greift knapp zwei Jahre vor seinem Tod auf das Thema zurück –, aber zu jenem Zeitpunkt ging ihm sehr bald auf, daß er selbst aktiv werden müsse, sollte sich in Irland etwas ändern. Die Bewegung der irischen Renaissance setzte auf die künstlerischen Elemente, um, nachdem alle politischen Mittel, von den konstitutionellen bis zu den militanten, fruchtlos geblieben waren, über eine geistige Wiedergeburt, ein verändertes Bewußtsein der Menschen, Irland zur Unabhängigkeit zu verhelfen. So mauserte sich der bis dahin noch immer publikumsscheue junge Mann nach und nach zu einem kompetenten Redner, faßte in Artikeln und Pamphleten politische und religiöse heiße Eisen an und vertrat seine Ideen und Überzeugungen öffentlich mit immer mehr Mut und Geschick. Wie Yeats sah auch er die Zukunft Irlands hauptsächlich von den Dichtern, Schriftstellern, bildenden Künstlern und Schauspielern abhängig, die sich von den Werten der vorchristlichen keltischen Vergangenheit inspirieren ließen und gewillt waren, dem kulturellen Erbe bzw. was davon in Bruchstücken, vor allem im Westen der Insel, überlebt hatte, nachzugehen und es weiter zu pflegen. Daß er, wie üblich, aus dem abstrakten Programm persönliche Konsequenzen zog, sollte ihn zum tatkräftigsten Förderer junger Talente machen. Er stellte ihnen wöchentlich sein Wohnzimmer als Treffpunkt zur Verfügung, half mit Ratschlägen, eigenen Arbeiten und Ideen, Beziehungen, u. a. zu Verlegern und dem Theater, und ließ ihnen nicht selten, ganz bodenständig, mit Büchern, Mahlzeiten und, wo nötig, aus seiner nie krösusgleichen Barschaft selbstlos Unterstützung zukommen.

Ein Musterbeispiel dazu ist der damals unbekannte, mittellose James Joyce, den Russell im August 1902 bei seiner mitternächtlichen Heimkehr auf der Türschwelle vorfand. Der von sich außerordentlich eingenommene, um nicht zu sagen arrogante, eher schlaksige Jüngling bestand darauf, Russell bis vier Uhr morgens seine Gedichte vorzulesen und sich mit ihm über Gott und die Welt zu unterhalten, mit gelegentlichen scharfsinnigen Seitenhieben gegen die Theosophen, was seinen friedfertigen Gastgeber allerdings nicht weiter anfocht. Der nun 35jährige zeigte sich beeindruckt von der Brillanz seiner Verse, auch wenn er das seltsame Genie zunächst noch nicht richtig einzuordnen wußte, und verwendete sich für Joyce u. a. bei Lady Gregory und Yeats. Ganz konkret regte er ihn zu seiner heute weltbekannten Kurzgeschichtensammlung *Dubliners* an und half ihm finanziell aus der Patsche.

Hunderte profitierten in der einen oder anderen Weise vom Kontakt mit dem inzwischen unter dem Pseudonym »A. E.« bekannt gewordenen *Myriad-Minded Man*, dem »Mann mit den myriadenfachen Geistesfacetten«. Eine ganze Reihe davon, allen voran George Moore, James Stephens, Padraic Colum, Oliver St. John Gogarty oder Patrick Kavanagh, gehören heute mit Selbstverständlichkeit zu den Klassikern der modernen englischsprachigen Literatur Irlands.

Bis dahin sollte Russell jedoch auch seinen folgenschwersten und tiefsten Schritt in die tätige Nächstenliebe hineingetan haben, indem er seine spirituellen, intellektuellen und praktischen Fähigkeiten den Ärmsten Irlands zur Verfügung stellte, statt ganzzeitlich für die Theosophische Gesellschaft zu arbeiten. Die Folgen der großen

Hungersnot Ende der vierziger Jahre hatte die landlosen Pächter am härtesten getroffen. Besonders an der Westküste herrschte große Not. Wer Initiative besessen hatte, war längst ausgewandert. Zurück bleib eine resignierte, verarmte, konservative Masse, die sich jedoch im existentiellen Konkurrenzkampf zersplitterte, ohne Kenntnisse moderner Agrarmethoden, aber auch ohne die Mittel, Verbesserungen durchzuführen.

Horace Plunkett, der 1894 seine Irish Agricultural Organisation Society gegründet hatte, ein Programm der Hilfe zur Selbsthilfe durch landwirtschaftliche Genossenschaften, hielt immer Ausschau nach fähigen Organisatoren für die sich rasch vergrößernde Bewegung. In Russell fand er das Ideal: ein ganz aus dem Geistigen heraus lebender Mensch, den jedoch sein gesunder Menschenverstand realistisch auf der Erde ankerte und der praktische Erfahrung aus Handel und Geschäft mitbrachte. Seine Vision einer in Brüderlichkeit geeinten Nation würde diese Unterprivilegierten einerseits zu neuen Lebensformen ermutigen, andererseits wäre er in der Lage, ihnen die Grundsätze der Ökonomie auseinanderzusetzen und ihnen zu helfen, sich finanziell unabhängig zu machen.

Nach einer kurzen, aber sehr intensiven Einführung in die neue Tätigkeit trat Russell den Kreuzzug gegen den *gombeen man* an, den Ladenbesitzer, der oft alle Familien in einem verarmten Distrikt über Generationen hinaus in seinen Klauen hielt, da er als einziger über flüssige Mittel verfügte und diese zu Wucherzinsen verlieh, oder auch nur, indem er ihnen Kredit für die nötigsten Lebensmittel bis zur nächsten Ernte stundete. Gleichzeitig kontrollierte er jedoch auch die Ein- und Verkaufspreise, so daß die Verschuldeten aus diesem Teufelskreis kaum je herauskamen.

Ebenso hatte Russell gegen die aus der britischen Kolonialpolitik entstandene Gleichgültigkeit, gegen Unwissenheit, Trunksucht, Aberglauben und Mißtrauen anzukämpfen und manchmal gegen schiere menschliche Dummheit. Zuweilen waren die Umstände nicht besser als in Tolstois Rußland: Manche der Landlosen vegetierten in primitivsten Unterschlüpfen dahin, wehrlos allerlei Krankheiten ausgeliefert, andere lebten mit ihren Tieren in ein und demselben, fast fensterlosen Raum, von dem ein unbeschreiblicher, von Typhusbazillen geschwängerter Gestank ausging, und die Menschen »... nach Gottes Bild geschaffen ... konnten sich genausowenig himmelwärts erheben wie ein Wurm«. Die öffentlichen Reden unter freiem Himmel, oft vor einem Publikum von mehreren hundert Anwesenden, zehrten an seinen Kräften, wie auch das ständige Wiederholen derselben einfachen Gesetze der freien Marktwirtschaft, die nur langsam in die Köpfe der Menschen eingingen und noch länger brauchten, um in die Tat umgesetzt zu werden. Zudem mußte sich Russell rhetorisch seinem Publikum anpassen und einen neuen wirksamen Stil finden. Trotz Kälte, schlechter Verköstigung, Einsamkeit, langer, unbequemer Reisen, nicht selten Fußmärschen durch unwegsames Gelände, machte Russell verbissen weiter und fand nach einigen Monaten, wie ein Brief an Lady Gregory zeigt, zu seinem alten selbstironischen Humor zurück. Er habe nun wohl doch das Zeug zum Proletenredner, er könne sich nun hinstellen und »eine Menge von 500 Leuten ansprechen, ohne daß dabei das Herz irgendwo in die Stiefelspitzen gerutscht« sei.

Plunkett, mit dem Russell bald in Freundschaft verbunden war, machte ihn seines unermüdlichen Einsatzes wegen zum Sekretär der Organisation. Der Literat und Mystiker blieb dieser Arbeit treu, gründete Banken und Kooperativen, bereiste das Land mit Vorträgen und leitete oft zähe Verhandlungen, bis sich nach acht Jahren ernsthafte Anzeichen von Erschöpfung und einer erschütterten Gesundheit einstellten.

Inzwischen war Russell verheiratet und Vater geworden; von seinen vier Kindern sollten zwei die ersten Monate nicht überleben. Er hatte irgendwie Zeit gefunden, sich am Aufbau des irischen Nationaltheaters aktiv zu beteiligen, wobei er ein eigenes Stück, *Deirdre*, beisteuerte, unentwegt Artikel zu schreiben, zwei Gedichtbändchen herauszugeben und die jungen Künstler Irlands zu betreuen und überdies die Malerei wieder aufzugreifen. 1904 beteiligte er sich mit seinen Bildern, vorwiegend mystischen Landschaften, mit so viel Erfolg an einer Ausstellung, daß dies für die nächsten zehn Jahre zu einem jährlichen Ereignis werden sollte.

1905 bekam er die Redaktion von *The Irish Homestead*, dem Organ der IAOS, übertragen, das sich abgesehen von landwirtschaftlichen Themen auch mit politischen, wirtschaftlichen, sozialen und allgemein kulturellen Fragen befaßte. Russell schrieb die meisten wichtigen Artikel gleich selbst und wurde zum einflußreichsten Journalisten seiner Zeit, besonders nachdem er 1923 Redakteur von *The Irish Statesman* geworden war, einem Blatt, dessen Spalten nicht nur die Künstler, Intellektuellen und Politiker Irlands kritisch durchgingen, sondern das auch internationalen Ruf genoß.

Als Journalist stand George William Russell sowohl auf der Höhe seines Schaffens als auch seiner Popularität: Seine philosophisch-politischen Beiträge zum Zeitgeschehen, seine sofortigen und zuweilen heftigen Reaktionen gegen Ungerechtigkeit und allgemein unmenschliches Verhalten sicherten ihm zwar den Respekt vieler seiner Zeitgenossen, schafften ihm jedoch auch mächtige Feinde, wie z. B. im Falle des großen Streiks von 1913, als er sich mit einer Jonathan Swift[4] würdigen, ätzenden Ironie auf die Seite des Gewerkschaftsführers Jim Larkin stellte und für die Arbeiter Dublins, die Bewohner der schrecklichsten Slums Europas, eintrat.

Entwicklungen im Ausland verfolgte er mit Besonnenheit und ließ sich in seiner bodenständigen Art weder von den Idealen des Faschismus noch des Kommunismus blenden und attackierte unerschrocken den Nationalsozialismus. Es war unzweifelhaft sein Mut, der Russell zum Gewissen der irischen Nation machte: der Mut, mit dem er die Ereignisse nach dem Osteraufstand, während des Unabhängigkeitskriegs und des Bürgerkriegs kommentierte und mit dem er Mißstände unparteiisch sowohl auf der britischen als auch auf der irischen Seite anprangerte, womit er nach der Gründung des Freistaates bis zum Ende seiner Redaktionstätigkeit 1930 fortzufahren wagte – der Freistaat hatte nur enttäuschende Kompromisse gebracht und nicht zu der mit allen Fasern hergesehnten geistigen Erneuerung geführt.

---

4 Jonathan Swift (1667–1745), bärbeißiger Dekan der St.-Patricks-Kathedrale Dublins, der sich ebenfalls für die Ärmsten Dublins einsetzte. Auf dem Festland ist er vor allem als Autor von *Gullivers Reisen* bekannt.

Politiker im In- und Ausland konsultierten ihn; zwei britische Premiers, der amerikanische Landwirtschaftsminister und schließlich auch die Regierung des Freistaates zogen ihn zur Beratung bei. Die Universität Yale und das Trinity College Dublin ehrten ihn mit dem Ehrendoktor für Literatur. Was seine Zeitgenossen jedoch am stärksten beeindruckte, war seine warme Menschlichkeit und die Ruhe, die von seiner Person ausstrahlte, und die grundsätzliche Unerschütterlichkeit, womit er an dem, was ihm zur Wahrheit geworden, festhielt. Das zeigte sich neben seiner Unerschrockenheit im politischen Leben am besten bei persönlichen Schicksalsschlägen, wie dem Tod seiner Kinder, seiner Frau oder naher Freunde, am deutlichsten bei seiner eigenen Erkrankung an Krebs im Alter von 68 Jahren. Als ein Freund dem vom Arzt über seine schlechten Überlebenschancen Aufgeklärten die Botschaft ins Pflegeheim brachte, daß ihn die Irish Academy 1935 für den Nobelpreis für Literatur vorschlagen wolle, reagierte er mit einem ehrlichen Lächeln und der Bemerkung, die auf dem Hintergrund seiner lebenslänglichen bescheidenen finanziellen Lage des Humors nicht entbehrt, dies werde einem Toten nun wohl doch nicht gerade viel nützen.

Der Trauerzug, der seinem Sarg auf den Dubliner Friedhof folgte, war nahezu zwei Kilometer lang und vereinte für einmal seine Freunde und Gegner, und das, obwohl sich Russell als junger Mann entschlossen hatte, niemals berühmt werden zu wollen. Eine Karriere als Maler und eine ebenso vielversprechende als Berufsdichter hatte er abgebrochen, da er befürchtete, daß ihm der Ruhm ein Störfaktor bei seiner geistigen Suche werden könne.

In einem Nachruf hieß es, daß Russells religiöse Ansichten zwar von den Kirchen kaum akzeptiert werden könnten, daß jedoch, falls Irland jemals einen Menschen hervorgebracht habe, dessen Leben die Bergpredigt beispielhaft veranschauliche, dieser Mensch A. E. gewesen sei. Mrs. Yeats soll ihrem Gatten gesagt haben, A. E. sei derjenige gewesen, der einem Heiligen am nächsten gekommen sei unter allen Menschen, die sie beide jemals antreffen würden. Yeats sei zwar ein besserer Dichter, aber kein Heiliger. Passenderweise wurde kurz nach Russells Tod ein A. E.-Gedenkpreis für junge irische Schriftsteller eingerichtet.

The Candle of Vision, Weg zur Erleuchtung, ist Russells persönlichstes Buch; es ist die Autobiographie dieses vielseitigen Menschen und Mystikers, das sorgfältig zusammengestellte Logbuch seiner Entdeckungsreisen in die Welt des Geistes. Es enthält seine Schlüsselerlebnisse, wie z. B. die Vision des Avatars oder die Geschichte seines Pseudonyms. Im ersten Fall saß er meditierend in einem Kämmerchen, als ihm plötzlich eine riesenhafte, lichterfüllte Gestalt zwischen Himmel und Erde, über einem Berg, den er später als Ben Bulben in der Grafschaft Sligo identifizierte, erschien. Sie zog sich auf Menschengröße zusammen, trat dicht an Russell heran und betrachtete ihn forschend, bevor sie einer langen Bilderserie Platz machte. Nie sollte Russell das edle Antlitz vergessen, und bis ins Alter studierte er die Züge eines jeden Politikers, in der Hoffnung, den Avatar wiederzuerkennen. Im zweiten Fall handelte es sich um den Versuch des knapp 20jährigen, die Entwicklung des Menschen vom göttlichen Gedankengrund bis zum Auftreten auf der Erde in mehreren Bildern zu malen. Der Zyklus schloß mit dem letzten Menschen, einem Winzling, der, auf dem Riesenschädel eines seiner Vorfahrenden sitzend, den Zusammenbruch des Kosmos beobachtete. Diese Bilder beschäftigten den jungen Mann im Wachen und Schlafen gleichermaßen, besonders dasjenige des ersten Menschen im göttlichen Geist. Als ihn die Frage, wie er die Bilderreihe nennen sollte, nicht schlafen ließ, spürte er plötzlich die Gegenwart eines fremden Wesens, das ihm schließlich zuflüsterte: »Nenne sie die Geburt Aeons«. Diese Lautfolge elektrisierte Russell geradezu und ließ in ihm anderntags eine Geschichte mythischer Proportionen hochsteigen, die Geschichte von Aeon, dem Urbild des Menschen, dessen stolzes Bewußtsein seiner selbst gegen das Göttliche rebellierte und der deshalb die Erde als Wohnung bezog. Zwei Wochen später, während er sich aus der heutigen Nationalbibliothek einen Kunstband auslieh, fiel sein Blick zufällig auf das Wort »Aeon« in einem aufgeschlagenen Buch – der Name, den die Gnostiker dem ersten, sich von der Gottheit trennenden Wesen gaben. Wieder durchfuhr diese Entdeckung sein ganzes Wesen, aber er mußte zuerst herausfinden, wer die Gnostiker waren! Russell zeichnete danach seine Artikel mit »Aeon« ab, bis ein Drukker, dem der Name unverständlich war, daraus die Initialen »A. E.« machte, die Russell fortan als Pseudonym verwendete.

Weg zur Erleuchtung beginnt mit der in keiner Weise angekündigten Erweckung des Teenagers, den auf einer ausgedehnten Wanderung auf dem Land grandiose Bilder geradezu überfielen. Zur Erklärung benützt er den Vergleich von selbstherrlichen Fremden, die, den Hauswart zur Seite schiebend, in ein Haus eindringen und es besetzen. Er verstand bald, daß dies der rechtmäßige Besitzer seines Körperhauses, nämlich sein aus verschiedenen Strängen bestehendes höheres Ich war, und daß das niedere Ich, »der verschlagene Kerl«, jede Gelegenheit wahrnahm, um wieder zurückzuschlüpfen. Schlimmer noch, er spielte sich als Eigentümer des Körperhauses auf und gab vor, diese Visionen selbst geschaffen zu haben.

Nachdem Russell jedoch einige Male erlebt hatte, wie solche selbstsüchtigen Gedanken eine Vision abrupt abbrachen und den eben noch Frohlockenden als Häufchen Elend zurückließen, lernte er, statt »Das habe ich mir vorgestellt« zu sagen: »Der Vorhang wurde für mich etwas angehoben, damit ich sehen durfte« – eine Lektion in Bescheidenheit und Demut, die ihn ein Leben lang begleitete. Es konnte ihm geschehen, daß sich mitten im hektischen Büroalltag bei Pim eine solche Vision in den herrlichsten Farben einstellte. Hier wird so richtig deutlich, was für ein Augenmensch der zum Maler geborene Russell doch war. Alles um ihn herum versank – schwitzende Menschengesichter, Stimmengewirr, der vom Gaslicht beleuchtete, heiße, stickige Raum –, und er fand sich in eine atemberaubende Landschaft versetzt, von kühlen Winden umfächelt, unter einem weiten amethystfarbenen Himmel, von der Sonne erwärmt, inmitten von einem Licht- und Farbenspiel, regenbogenfarben, opaleszierend, von schönen Gestalten umgeben, die oft aus der keltischen Mythologie stammten. Es ist die Welt des Raum- und Zeitlosen, der im Spirituellen manifestierten Ideen, so daß darin alles überhaupt Erdenkbare erscheinen kann, wie z. B. Russells Luftschiffe. Wenn namhafte Forscher in der englischen Russell-Gesamtausgabe diese Luftschiffe als die von Madame Blavatsky in der *Geheim-*

lehre erwähnten *vimanas* oder Himmelsstreitwagen der Atlanter festlegen, so tun sie dem Autor Zwang an. Russell selbst konnte nicht unterscheiden, ob es sich um Vergangenes, Gegenwärtiges oder gar Zukünftiges handelte, was ihm auch letztlich unwichtig war. Was ihn mit Staunen und Dankbarkeit erfüllte, war die Erkenntnis, daß die geistige Welt alles jemals Geschaffene der Menschheit auf ewig bereithielt.

Exakte Beobachtungen oder ehrliche Spekulationen über die verschiedensten Themen, wie z. B. die Kräfte der Erde, Imagination, Vision, Träume, das Uralphabet, Wille, das Gedächtnis des Geistigen, füllen weitere Kapitel. Das vierte, besonders wichtige, befaßt sich mit Meditation und wird über die exakte Schilderung von Russells eigenem Vorgehen zu einer praktischen Anleitung. Der von seinen auf ihn einstürmenden Visionen in Verwirrung gebrachte junge Mann brauchte ein Mittel, um diese Bilder unter Kontrolle zu bringen. Es ist ein charakteristisch sachlicher Bericht ohne Geheimnistuerei, aber auch ohne Versprechen eines leichten, raschen Erfolgs. Worauf es ankommt, ist das geduldige, regelmäßige Bemühen. »Auf dem mystischen Pfad erzeugen wir unser eigenes Licht und mühen uns anfangs, blind und benommen, sehen nichts, hören nichts, unfähig zu denken, unfähig, uns etwas vorzustellen.... Laßt uns jedoch fest bleiben, tage- oder wochenlang, und über kurz oder lang verfliegt die Betäubung.«

Es geht also um das geduldige, regelmäßige Üben, das Durchhalten über Zeiträume, das Erziehen des Willens. Dafür erhält der Leser Auskunft über die verschiedenen möglichen Fortschritte, aber auch die anscheinend unumgänglichen Fehler, Irrungen, Täuschungen, bis hin zum mystischen Erlebnis, der Annäherung des Ich an das Unendliche, woraus es einst hervorgegangen ist – aber »wir knien nicht als Sklaven vor ihm, sondern als Kinder des Königs erheben wir uns zu dieser Herrlichkeit und bestätigen uns selbst, daß wir sind, was wir uns vorstellen.« Ein interessanter Versuch, die inselkeltischen Götter (Lir, Mananan, Lug, Dagda, Dana) mit den abstrakten göttlichen Kräften im Kosmos zu identifizieren, füllt die letzten vier Kapitel.

Was das Buch zu etwas Besonderem macht, ist die Begeisterung, womit der damals 51jährige auf seine geistige Entwicklung zurückblickt und seine spirituellen Erlebnisse schildert, sein Staunen und die Bewunderung angesichts der übersinnlichen Welt, was er auch auf den Leser zu übertragen vermag. Auch wenn die Visionen den Jüngling verwirrten und dem reifen Mann, wie er unumwunden zugibt, oft rätselhaft blieben, äußern sie sich immer in lichten, manchmal blendenden Bildern, die wohl Ehrfurcht abverlangen, aber niemals Furcht oder Schrecken erzeugen. Das kommt daher, daß Russell Liebe als die treibende göttliche Kraft erkannte.

Das in den letzten Monaten des Ersten Weltkriegs erschienene Werk sah in zwei Jahren fünf Neuauflagen – als ob seine Leser gespürt hätten, wie sehr sich Russell bemühte, sich ihnen verständlich zu machen und es honorierten. Er schrieb jedes der zwanzig Kapitel sieben- oder achtmal um, damit das Buch trotz seines nicht leichten Inhalts lesbar und lesenswert würde. Dementsprechend zeitlos ist die Sprache. Sie enthält gelegentlich dichterische Passagen oder Gedichte von großer Schlichtheit, verwendet hin und wieder biblische Zitate, seltener ein solches aus den indischen oder klassischen

Schriften. Es kommen kaum religiös-philosophische Fachausdrücke vor. Namen und Bezeichnungen aus der keltischen Mythologie werden nur erklärt, wenn sie nicht aus dem Zusammenhang verständlich sind.[5] Angenehm ist das Fehlen jeder Form von esoterischem Kauderwelsch. Sogar gebräuchliche theosophische Begriffe sind durch englische (bzw. hier durch deutsche) ersetzt, wie z. B. die Weltprinzipien, die als »Erd-, Zwischen-, Himmels- und Gotteswelt« bezeichnet werden, statt, wie z. B. bei Blavatsky üblich, mit indischen Namen. Aber dies ist ausreichend, denn dadurch wird auch dem Laien die stufenweise Annäherung an das Göttliche ersichtlich.

Weg zur Erleuchtung ist weder für den Theosophen noch den Kenner östlicher Philosophie noch jeden ohnehin schon Eingeweihten geschrieben worden, sondern für jeden Menschen, der lesen kann, den das Nichtmaterielle bewegt und der gewillt ist, sich auf geistige Abenteuer einzulassen. Das Buch will nicht Theosophie lehren, weswegen in dieser Einführung eine Skizze des theosophischen Systems auch beiseite gelassen wurde; es ist der Mensch Russell, der zu seinem Mitmenschen spricht und ihn auffordert, ihn gedanklich zu begleiten, seine Angaben an den eigenen Erlebnissen zu überprüfen, in der Hoffnung, daß der Leser nach einem Stückchen gemeinsamen Wanderns sich seiner eigenen Pilgerschaft bewußt wird und selbst seinen eigenen Pfad betritt. Wo immer möglich, soll er in der Forschung dort weiterfahren, wo Russell passen mußte – wichtig ist, daß er den Weg mit

5 Interessierte, die diesen Hintergrund vertiefen möchten, seien verwiesen auf: Sylvia und Paul F. Botheroyd, *Lexikon der keltischen Mythologie*, Diederichs: München 1992.

Freude und Zuversicht beim Schein seines eigenen selbsterzeugten Lichtes geht.

Dies ist die erste deutsche Übersetzung dieses ungewöhnlichen Buches. Wie sein außergewöhnlicher Verfasser verdient es, gerade in unserer Zeit, in der eine sichere Geisteshaltung, Mut und reine Schönheit so rar geworden sind, in weiten Kreisen der deutschsprachigen Welt bekannt zu werden. *Weg zur Erleuchtung* ist eine wohltuende Lektüre, denn hier sind Werk und der dahinterstehende Mensch von ein und derselben Wahrhaftigkeit.

Sylvia Botheroyd

Weg zur Erleuchtung

»Eine Leuchte des Herrn ist des Menschen Geist.«

Sprüche Salomos

»Da seine Leuchte über meinem Haupt schien, und ich bei seinem Licht in der Finsternis ging.«

Hiob

James Stephens
dem besten aller Gefährten

Vorwort

Bin ich in meinem Zimmer und betrachte die Wände, die ich bemalte, sehe ich dort die Spiegelung des individuell-persönlichen Lebens; schaue ich jedoch durch die Fenster hinaus, sehe ich eine lebendige Natur und nicht von Händen gemalte Landschaften. Ebenso spüre ich, wenn ich meditiere, in den Bildern und Gedanken, die mir zuströmen, die Spiegelung des Persönlichen, aber auch in der Seele sind Fenster, durch die Bilder gesehen werden können, welche nicht die menschliche, sondern die göttliche Vorstellungskraft geschaffen hat. Ich habe versucht, nach meinem Vermögen über die göttliche Anordnung zu berichten und zwischen selbsterzeugten Phantasien und demjenigen, was mir aus einer höheren Sphäre zukam, zu unterscheiden. Diese Rückblicke und Meditationen sind die Bemühungen eines Künstlers und Dichters, die eigenen Gesichte mit den Gesichten der Seher und Schreiber heiliger Bücher in Verbindung zu bringen und herauszufinden, was für ein Kern von Wahrheit in jenen Imaginationen steckte.

A. E.

Rückblick

Ich war den ganzen Tag unterwegs gewesen und war müde, vermochte jedoch nicht, mich am Herdfeuer des Cottage auf dem Hügel auszuruhen. Mein Herz schlug mit zu großer Erregung. Nach einem Jahr in der Stadt kam ich mir wie ein Kind vor, das sich ungehörigerweise den lieben langen Tag herumgetrieben hat und bei Einbruch der Dunkelheit ängstlich und reumütig heimkommt und gern wüßte, ob es die Mutter aufnimmt, bereit ihm zu verzeihen oder nicht. Würde unser aller Mutter mich wieder als eines ihrer Kinder aufnehmen? Würden die Winde mit ihren schweifenden Stimmen wie vormals die Verkünder ihrer Liebe sein? Oder würde ich mich unter den Bergen, den dunkeln Tälern und glänzenden Seen wie ein Ausgestoßener fühlen? Sollte mir ihr Segen zuteil werden, wußte ich, auf welche Art dies geschehen würde. Mit geschlossenen Augen würde ich zwischen den Felsbrocken sitzen, demütig wartend, wie man in den Vorzimmern der Mächtigen wartet, und falls mich die Unsichtbaren zum Gefährten erkoren, so würden sie den Anfang machen mit einem sanften Herhauchen von Vertraulichem, sich an mich heranschleichend mit einem Anflug von Zuneigung, wie Kinder, die sich an das gesenkte Haupt heranstehlen und plötzlich Zärtlichkeiten ins Ohr flüstern, bevor dieses den Schritt überhaupt wahrnehmen kann. So stahl ich mich denn aus dem Cottage und über die dunkeln Hügelrücken dorthin, wo die Steine lagen, setzte mich nieder und ließ die Frische der Nacht den feurigen Staub in meinem Gehirn kühlen und zur Ruhe bringen. Bebend erwartete ich die leiseste Berührung, den schüchternsten Hauch der Ewigkeit in meiner Seele, das Zeichen des Willkommens und der Vergebung. Ich wußte, daß es kommen würde. So sehr konnte ich nicht begehren, was nicht im Grunde mein eigen war; was uns gehört, können wir nicht verlieren. Begehren ist verkappte Identität. Die Dunkelheit zog mich himmelan. Vom Hügel verlor sich die Ebene drunten, unermeßlich und unbestimmt geworden, stille und fern. Mir kam es vor, als sei ich allein mit der Unendlichkeit, und schließlich vollzog sich das Verschmelzen der göttlichen Finsternis mit meinem inneren Leben, worum ich gebetet hatte. Ja, noch gehörte ich, wie bescheiden auch immer, zum himmlischen Haushalt. Ich war nicht ausgestoßen. Noch immer, obzwar von einem Fädchen, so fein wie dasjenige, woran eine Spinne von den Dachbalken hängt, hing mein Wesen von der Wohnstätte der Ewigkeit. Ich sehnte mich danach, die Hügel zu umarmen und Küsse auf die Lippen des Seraphen Wind zu drücken. Ich spürte die Fröhlichkeit der Kindheit durch Müdigkeit und Alter hochschießen, denn mit dem ewig Jungen in Berührung treten bedeutet die Kindlichkeit des Geistes besitzen, welche dieser erlangen muß, bevor er, vom Magier des Schönen geformt, das Haus der Vielen Wohnungen betreten kann.[1]

Ich war nicht immer so vertraut mit der Natur. Ich sah in der Kindheit nie ein Licht, das im Mannesalter zum gewöhnlichen Tageslicht verblaßte, glaube auch nicht, daß die Kindheit diesem Wesen näher ist als das Alter. Wäre dem so, was hätte der Geist nach dem Vergehen der Jugend noch zu hoffen? In meiner Knabenzeit war ich

1 »Magier des Schönen« ist Russells Umschreibung für Christus. *(Alle Anmerkungen von der Herausgeberin.)*

mir keines Himmels um mich herum bewußt. Ich wohnte in der Stadt, und die Berge, von denen mir Hilfe kommen sollte, waren nur ein ferner Schwall von Bläue am Horizont. Doch zogen sie mich an, und wie die Jahre vergingen und die Beine länger wurden, geriet ich immer näher, bis ich mich endlich eines Tages am grünen Hügelhang wiederfand. Ich spielte dann mit anderen Knaben, aber Jahre sollten noch vergehen, bis mir die vertrauten Plätze erneut fremd wurden und die Berge von feurigen Gestalten bevölkert, ehrfurchtgebietend wie Sinai.

Während das Kind noch in seiner Mutter Arm liegt, wird es von ihr ernährt, weiß jedoch nicht, daß eine Mutter es füttert. Später erst weiß es, in wessen Schoß es gelegen. So wie die Mutter den Körper nährt, so nährt die Hoheitsvolle Mutter die Seele. Es gibt jedoch nur wenige, die Ehrfurcht bezeugen, wem sie gebührt, und das deshalb, weil diese gütige Gottheit die Launen ihrer Kinder mit Nachsicht duldet. Bei einigen verleiht sie deren eigenen Gedanken Leben. Anderen schenkt sie die Sichtweise ihres eignen Herzens. Gerade von diesen letzten lieben sie einige in aller Stille und wagen nicht, von der Hoheit zu sprechen, die zu ihnen niederlächelt, während andere, voll Stolz verblendet, denken: »Dies ist meine eigene Vision.«

Ich betrug mich lange Zeit wie die letzteren. Ich war sechzehn oder siebzehn, der nachlässigste und unvollkommenste aller Jungen, dessen Leben bereits jene Begehren des Körpers und des Herzens verdunkelten, womit wir so bald lernen, unsere Jugend zu beflecken, als ich gewahr wurde, wie sich ein geheimnisvolles Leben in meinem Leben zu regen begann. Rückblickend finde ich nichts in meinen Freundschaften, nichts in meiner Lektüre, was dies ausgelöst haben könnte. Es war, so glaubte ich, aus mir selbst erzeugt. Ich fing an, mich über mich selbst zu wundern, denn wanderte ich auf Landstraßen dahin, begannen mich starke und leidenschaftliche Imaginationen einer anderen Welt und inneren Natur zu überwältigen. Sie waren wie Fremde, die plötzlich in ein Haus eindringen, den Türhüter beiseite schieben und sich nicht abwimmeln lassen. Bald war mir klar, daß sie die rechtmäßigen Besitzer und Erben des Körperhauses waren und der Torhüter nur ein auf Zeit damit Betrauter war, der seine Pflichten vernachlässigt hatte und Anspruch auf Besitz geltend machte. Der Junge von vorher war ein Fremder. Er versteckte sich, als der Pilger der Ewigkeit seinen Wohnsitz in seinem Haus aufschlug. Jedesmal jedoch, wenn der wahre Besitzer abwesend war, tauchte der gerissene Kerl wieder auf und gab sich wieder als Herr und Meister aus.

Jenes Wesen von einem fernen Land, das vom Haus Besitz ergriff, hob an, in einer schwer übersetzbaren Sprache zu sprechen. Mich quälten die begrenzten Möglichkeiten zur Verständigung. Wußte ich doch, daß sich irgendwo in meiner Nähe Gefährten befanden, die zu mir sprachen, aber ich konnte nicht ausmachen, was sie sagten. Wie ich am Abend die vom Duft des Geißblattes erfüllten Sträßchen hinunterging, die Sinne empfangsbereit für eine im nächsten Augenblick stattfindende Enthüllung, fühlte ich, daß mir dabei Wesen aus der wahren Heimat des Menschen zusahen. Sie schienen jedem einzelnen von uns zu sagen: »Bald erwachen sie; bald kommen sie wieder zu uns zurück«, und für einen Moment schien mir fast, als vermischte ich mich mit ihrer Ewigkeit. Die farbüberhauchte Luft leuchtete vor mir mit erfaßbarer Bedeutung wie ein Angesicht, eine Stimme. Die sichtbare Welt wurde wie ein Wandteppich, den der Luftzug von hinten faßte und bewegte. Ich wußte, daß ich mich, wenn er sich nur einen Augenblick höbe, im Paradies befinden würde. Jegliche Form auf diesem Wandteppich schien das Werk der Götter. Jegliche Blume war ein Wort, ein Gedanke. Das Gras war Rede; die Bäume waren Rede; die Gewässer waren Rede; die Winde waren Rede. Sie waren das Heer der Stimme, das zum Sieg und der Herrschaft über den Geist vorwärts marschierte; und ich lauschte mit meinem ganzen Wesen, und dann verblaßten diese Erscheinungen wieder, und ich war der unbedeutende, unglückliche Junge wie zuvor. So dürfte sich der gefühlt haben, der dem Propheten gedient und miterlebt hatte, wie er im feurigen Wagen gen Himmel fuhr; nach diesem Heimgang gab es auf der Welt kein Licht und keine Gewißheit mehr.

Ich gab mich über diese Erscheinungen keinen Täuschungen hin und bezeichnete sie in meinen Träumen ganz richtig, denn wie ich damals meine ersten Verse schrieb, von denen ich immer noch annehme, daß es Gedichte sind, sagte ich von der Erde, daß wir und alle Dinge ihre Träume seien.

> Sie liegt versunken im göttlichen Traum.
> Wie ihre Fülle an Schönheit zieht hin,
> Das begeisterte Herz sie bescheint,
> Welches sie wie im Spiegel bricht.
>
> Erde, deren Träume wir sind und auch sie
> Mit ihres weiten Herzens Heiterkeit erfüllt,
> Alles was Menschenmund zu bekennen vermag
> Oder der vom Morgen befeuerte Sänger singt.

So ist jedoch nun einmal die menschliche Natur, daß ich weiterhin eitel blieb, als gehörte diese Vision mir, und ich benahm mich wie einer, der auf die Schatzkammer eines Königs stößt und mit den Schätzen umgeht, als wären sie seine eigenen. Wir mögen ja tatsächlich persönliche Weisheit besitzen, aber von der visionären geistigen Kraft läßt sich genausowenig als von der »unseren« sprechen, als man vom Sonnenaufgang sagen kann: »Diese Pracht gehört mir.« Durch einen plötzlichen Anfall solcher Selbstgefälligkeit mitten in einem Gesicht wurde ich oft davon abgeschnitten, und es ging mir im Handumdrehen wie jenen Kriegern der irischen Sage, die auf ein vornehmes Haus stießen, dort schmausten und zechten und sich zum Schlafen niederlegten, sich beim Erwachen jedoch am kahlen Hügelhang wiederfanden, wobei der *Faed Fia*[2] das Herrenhaus wieder verbarg. Obwohl die Vorstellungskraft ganz richtig erfaßte, daß diese Schönheit nicht mir gehörte, und sie mit ihrem himmlischen Namen ansprach, blieb mein Herz noch einige Jahre weiterhin stolz, denn in dem Maße, wie das schöne Erlebnis ins Gedächtnis einsank, so schien es zum persönlichen Besitz zu werden; ich sagte: »Das stelle ich mir vor«, wenn ich demütig hätte sagen sollen: »Der Vorhang wurde etwas gehoben, damit ich sehen durfte.« Aber der Tag sollte kommen, an dem ich mit aller Konsequenz erfahren sollte, was für ein Wesen mich genährt, und mich verzückt und toll werden ließ, wie ein Liebender, durch das Wissen um ihren alles durchflutenden Geist.
Die Weisen fanden seit alters, daß gegen Ende einer tiefen

2 *Faed Fia*, eigentlich »Feennebel«; an anderer Stelle gleichbedeutend wie »Äther« oder »Akasa«; hier Trennwand zwischen der geistigen und der realen Welt.

Meditation ihr Wesen mit dem Gegenstand ihrer Betrachtung in eins zusammenfiel. Jedes Verlangen strebt nach dem Einswerden mit dem geliebten Gegenstand, was nicht weniger vom geistigen und elementaren als vom körperlichen Begehren gilt. Und ich, dessen Geist immer stärker dahin gezogen wurde, eine ideelle Natur zu verehren, steuerte auf jene entscheidende Verbindung zu, wodurch das zuerst in der Phantasie Ergriffene das Allerwirklichste werden würde. Als mir dies zur inneren Gewißheit geworden, war mir, wie es Dante gewesen sein mußte, nachdem er sich Beatrice an seiner Seite und in der Welt der Glückseligen vorgestellt hatte. Zuerst hielt er alles für einen Traum, halb hoffend es würde künftig Wirklichkeit, als das geliebte Antlitz unter seiner schöpferischen Einbildungkraft plötzlich gesteigert lebensvoll, herrlich zu leuchten begann, so daß er frei von allem Zweifel wußte, daß ihr Geist wahrhaftig in dieser Gestalt lebte, heruntergestiegen war, um darinnen zu wohnen, und für immer bei ihm bleiben werde. Solches empfand ich an einem warmen Sommertag, müßig am Hügelhang ausgestreckt, mit keinem andern Gedanken beschäftigt, als mit dem Sonnenlicht und wie angenehm es war, darinnen zu dösen, als mich plötzlich ein heftiger Herzschlag durchbebte und ich erkannte, daß es um etwas Persönliches, Wesentliches ging. Ich fuhr hoch, alle Sinne geweitet und gespannt, und mich ins Innere wendend, vernahm ich zuerst den Klang von Glocken, die sich immer tiefer in jenem wunderbaren Land verloren, wohin sich, der Sage nach, die Götter der *Tuatha Dé Danann*[3] zurückgezogen hatten: darauf öffnete sich mir

---

3 *Tuatha Dé Danann*: inselkeltische Götter vom Stamm der Göttermutter Ana/Dana.

das Hügelinnerste, und ich verstand, daß für dessen Bewohner kein Hügel existierte, daß sie sich des massigen Berges über den lichtvollen Palästen nicht bewußt waren. Hier perlten die Winde und waren diamantklar, jedoch gleichzeitig voller Farbe wie ein Opal, wie sie so durchs Tal funkelten, und ich wußte, daß ich mich mitten im goldenen Zeitalter befand, daß wir ihm gegenüber blind gewesen waren, aber daß es niemals aus der Welt verschwunden war.

Der Erdenatem

Nach dieser Erweckung begann die Erde mich immer stärker in ihren Bann zu schlagen und mich mit Bitten, süß wie Honig, an ihr Herz zu locken. Diesen vermochte ich nicht zu entkommen, nicht einmal in jenem ewig betriebsamen Büro, wo ich unter der Woche vor kleinen Papierstößen saß, die sich Minute um dahinjagende Minute immer höher türmten. Ein flauer Augenblick, und ich wurde unweigerlich jener ewig frischen Anwesenheit gewahr, die mich beschirmte. Ihre Abgesandten waren Visionen, die mich ihnen anglichen. Durch die heiße, übelriechende Luft des mit Gas beleuchteten Raumes konnte ich hektische Gesichter wahrnehmen, rasch herumflitzende Leute, Stimmen hören – und dann waren jeweils Raum, Gesichter, Stimmen verschwunden, und ich lebte in der Wirklichkeit der Mutter, in einer ihrer reinen, weit entfernten, urkräftigen Regionen. An Stelle des schäbigen Büros war da ein Himmel von seltenstem Amethyst; der schneekühle Hauch einer Wolke; hoch oben, in der göttlichen Einsamkeit, ein einzelner Stern; alles gespannt, mit angehaltenem Atem und still; gespannt auch die Seraphenfürsten, die über Wind, Welle und Feuer geboten, denn es war zur Stunde, als des Königs unsichtbare Gegenwart durch seine Ländereien schritt und die Natur, darum wissend, vor der Anwesenheit ihres Herrn verstummte. Einst fand ich mich plötzlich auf einer weit entfernten Ebene oder Steppe und vernahm überirdisches Glockenspiel, von ich weiß nicht welch fernen Türmen, mit jäher Leidenschaft anschlagen. Der Erdenatem strömte aus den Ackerfurchen zum erglühenden Himmel. Über meinem Kopf kreisten Vögel und ließen ihre unverständlichen Rufe ertönen, als wären sie von Sinnen und wüßten nicht, wo sich niederlassen, einen noch bezaubernderen Ruheort in einer göttlichen Heimat ahnend. Ich sah einen Pflüger sich von seiner bescheidenen Arbeit aufrichten und mit leuchtenden Augen dastehen, als sei er, wie auch ich, vom Feuer gerührt und in den Himmel gehoben, und für diesen Augenblick erkannte ich ihn als einen Gott. Dann fiel ich aus der Vision und der Ekstase heraus, hörte die Stimmen und sah durch das Zittern der heißen Luft die hektischen Gesichter wieder und kam mir aus der geistigen Welt ausgestoßen vor. Ich konnte kaum ertragen, an diese Dinge gedacht zu haben, denn dann fühlte ich mich in einer finsteren Hölle eingesperrt. Auch ihr wart mit mir eingesperrt, ihr lieben, freundlichen Leute, die dem vergeßlichen Jungen nie ein hartes Wort gaben. Auch ihr hattet, wie ich wußte, eure Offenbarungen. Ich erinnere mich, wie mir eines Tages jener Buchhalter mit dem faltigen Gesicht, den zwinkernden Augen und dem angegrauten Bart, der abgesehen von seiner Arbeit keine anderen Interessen zu haben schien als seine Tabakspfeife und die Zeitung, überraschenderweise erzählte, daß er vorige Mitternacht vom Schlaf erwacht sei und daß eines seiner Ichs im Mondlicht auf- und niederschritt, in einer Allee, der riesenhafte Bildsäulen etwas Gewaltiges gaben. Diesem Traum-Ich war er unerwartet begegnet und war sich selbst überirdisch weise und mächtig erschienen. Was hatte er wohl getan, um in einer Sphäre so erhaben und in einer andern so unbedeutend zu sein? Noch von andern könnte ich erzählen, die ihren Augenblick an Ehrfurcht durchlebten, wenn der Geist seine uralten Ansprüche auf sie geltend machte. Aber keiner war so glücklich oder so unglücklich wie ich. Zuweilen war ich glücklich, weil die göttliche Welt, die mir in der Kindheit nichts bedeutet hatte, mir im Mannesalter zur Realität wurde: Ich wußte, es war kein Traum, denn Gefährten in der Hellseherei begannen mich aufzusuchen, sie, die so zu sehen vermochten wie ich und zu hören wie ich, und es gab einige, die tiefer in dieses Phänomen eingedrungen, als ich es jemals war. Ich fühlte mich erbärmlicher als meine Kollegen im Alltagstrott, weil gerade die Stärke des Gesichts den Rückschlag noch unerträglicher werden ließ. In qualvoller Lichtlosigkeit und Vergessenheit kam ich mir vor wie jene, im Alptraum, in Höhlen so tief unter den Wurzeln der Welt Begrabenen, daß keine Hoffnung auf Entkommen ist, denn der Weg nach draußen ist unbekannt, und den Weg zu ihnen haben die, die im Lichte wandeln, vergessen. In jenen finsteren Stunden schien das Universum, ein riesenhaftes Geisterwesen, mich zu bekriegen. Ich sei, so kam es mir vor, zu diesem winzigen Partikelchen Leben einer in ferner Vergangenheit begangenen Sünde wegen verdammt, ich und die um mich herum. Alle waren wir gefallene Kinder der Sterne. Alles, was auf unser ursprüngliches, hohes Wesen hinwies, ein Strahl der Herrlichkeit vom fernen Feuer am Himmelszelt, der die Düsterkeit des Büros durchdrang, das blaue Zwielicht, dessen Dunkelheit durch die Scheiben immer mehr zunahm, bis es gesättigt war vom Sternenstaub, die sonnigen Wolken, die hoch über der Stadt dahinflogen, all das durchfuhr mich mit schmerzlicher Erinnerung, und meine Augen wurden dann plötzlich naß und blind. Manchmal rebellierte ich auch und heckte in meinem verdunkelten Zustand Pläne aus, mich an die Augenblicke erinnernd, in denen der Wille in mir wie eine titanische Kraft erschien, und dann brütete mein Geist über Möglichkeiten zu Flucht und Aufstieg in seine heimatlichen Gefilde, so wie jene gefallenen Engel in Miltons gewaltigem Epos, die sich aus Qualen erhoben und sich verschworen, Ihm den Thron zu entreißen. Und dann erschien mir das alles wiederum so sinnlos wie für ein Staubkörnchen, sich gegen einen Orkan zu stemmen, womit die letzte Türe zuschlug und mich in größerer Hoffnungslosigkeit zurückließ als zuvor.

Der Sklave der Lampe

Weil ich ein Geschöpf von so vielen Vorstellungen und rasch wechselnden Stimmungen war, erwuchs mir aus all dem schließlich die Zuversicht einer gewissen Wahrheit entgegen, und zwar von allen Wahrheiten die beflügelndste für einen am eisernen Zeitalter Verzweifelnden, der sich im Gestrüpp der Lebensvielfalt verirrt hatte. Ich wurde mir nun eines umgehenden Echos oder einer Antwort auf meine eigenen Seelenzustände bewußt, unter Gegebenheiten, die bis dahin in ihrer Gleichgültigkeit unfähig zur Reaktion erschienen waren. Ich fand jede starke Imagination, jedes neue Abenteuer des Verstandes mit der Magnetkraft begabt, das ihnen Verwandte anzuziehen. Wunsch und Wille waren wie der Zauberstab im Märchen und holten sich das ihnen Gemäße heran. Um ein reines Kristallatom gruppierten sich alle Atome des Elements in der Lösung, und in ähnlicher Weise erschien ein Mensch nach dem andern aus der Menge und verriet seine enge Verwandtschaft mit meinen Stimmungslagen, wie sie so auftraten. Ich traf diese Leute anscheinend zufällig, auf Landstraßen, oder ich ließ mich auf ein Gespräch mit Fremden ein, wobei ich feststellte, daß es Geistesverwandte waren. Aus dem Aufsteigen neuer Seelenzustände in mir konnte ich voraussagen, daß ich, ohne Suche, bald Leute einer gewissen Wesensart kennenlernen würde, und so traf ich sie denn auch. Sogar leblose Dinge standen im Banne dieser Affinitäten. Sie gaben an mich ab, was sie an Besonderem für meine Augen bereithielten. Ich habe schon im Vorbeigehen einen Blick auf ein Buch geworfen, das jemand in einer Bücherei aufgeschlagen liegenließ, und die Worte, die ich zuerst sah, durchfuhren mich freudig, denn sie bestätigten eine Erkenntnis, die ich vor kurzem in einer Vision gewonnen hatte. Ein andermal öffnete sich ein Buch, das ich schmökernd von einem Büchergestell heruntergelangt hatte, bei einem Zitat aus den *Upanischaden*[4], einer mir damals unbekannten Schrift, was mein Herz gen Osten fliegen ließ, denn jenes enthielt die Lösung eines spirituellen Problems, worüber ich eine Stunde vorher gebrütet hatte. Kaum eine Woche nach meiner ersten Erweckung begann ich mit jenen zusammenzutreffen, die meine lebenslänglichen Gefährten auf der Suche werden sollten, und wie auch ich in einem vom Geist bewegten jugendlichen Alter waren. Eben hatte ich versucht, Gedichte zu schreiben, als ich einen jungen Mann kennenlernte, dessen Stimme bald die schönste in der irischen Literatur werden sollte. Ich suchte keinen von diesen auf, weil ich von ihnen gehört hatte und eine Verwandschaft zwischen uns annahm. Die Übereinstimmung unserer Persönlichkeiten schien geheimnisvoll, gesteuert von einem Gesetz der spirituellen Schwerkraft, wie dasjenige, das im Kräftespiel der Natur ein Molekül auf ein anderes zufliegen läßt. Ich erinnere mich an das Hochgefühl, womit ich den Grundsatz über das Leben begriff, daß, wie sich Heraklit ausdrückt, alles fließt und daß dem Fließen Bedeutung und Gesetzmäßigkeit innewohnt; daß ich nicht verlieren konnte, was mir angehörte; daß ich nicht zu suchen brauchte, denn was mir gehörte, würde zu mir kommen; entging mir etwas, so deshalb, weil ich keinen Anteil mehr daran hatte. Ein für viele Jahre im Kerker Begrabener hätte den Sonnenschein, die süß duftende Erde und

4 *Upanischaden:* altindischer theologisch-philosophischer Text.

die lang verborgene unendliche Weite der Himmel nicht freudiger begrüßen können, als ich das Sichauflösen von dem, was unveränderlich erschienen war. Es sind jene, die schnell leben und heranwachsen und unablässig vergleichen, – das, was sich außen, mit dem, was sich innen abspielt, – denen dies zur Gewißheit wird. Jene, die sich nicht ändern, sehen keine Veränderung und erkennen keine Gesetzmäßigkeit. Wer, wenn auch nur im Verborgenen, vielen Leuchten des Geistes nachgefolgt ist, kann die Fackeln zur Antwort eine nach der andern aufglühen sehen. Als ich darüber Gewißheit erlangt hatte, nahm ich, was mir widerfuhr, mit Ergebung an. Ich verstand, daß alles, was mir entgegentrat, Teil meiner selbst war und daß mir Unverständliches, durch Affinität, in Beziehung zu noch unbekannten Kräften in meinem Wesen stand. Wir tragen die Lampe der Welt in uns, und die Natur, der dienstbare Geist, ist der Sklave der Lampe und muß das Leben *um* uns so gestalten, wie wir es *in* uns gestalten. Nur was wir sind, hat Durchschlagskraft. Wir können ebensogut den äußerlichen, persönlichen Daseinskampf und den Ehrgeiz aufgeben – wenn wir alles dem Gesetz überlassen, wird uns alles, was uns gebührt, ausgezahlt. Der Mensch wird wahrhaftig zum Übermenschen, wenn er dieses stolze Bewußtsein besitzt. Gleichgültig, wo er sein mag, in welch scheinbar unbedeutender Stellung, er ist noch immer der König, noch immer der Herr über sein Schicksal, und die äußeren Umstände wirbeln um ihn herum oder sind so bewegungslos wie er in der Abgeschiedenheit seines Geistes, sind mächtig oder bescheiden. Wir sind in der Tat am unglücklichsten, wenn wir uns einbilden, wir hätten keine Macht über die Gegebenheiten um uns, und ich halte das Wissen, daß es im lebendigen Universum kein anderes Schicksal gibt, als was wir selbst zum unsrigen machen, für die höchste Weisheit. Wie entflammt der Geist, wie spürt er seine Macht, wenn er, äußerlich ruhig, das Kommen und Gehen des Lebens beobachten kann, wie es sich in sich selbst bewegt oder stillsteht! Dann bewegen wir uns wirklich im Bereich des Wunderbaren. Dann erscheint uns das Universum, wie es dem indischen Weisen erschien, der verlauten ließ, daß ihm, der sich in der Meditation vervollkommnet hatte, alle Flüsse so heilig seien wie der Ganges und jedes gesprochene Wort vom Heiligen durchdrungen.

Meditation

Mir ist keine besondere Tugend eigen, außer der, daß ich einem Pfad folgte, auf dem alle reisen können, den aber wenige beschreiten. Es ist ein Weg in unserem Innern, auf dem die Füße in Schatten und Dunkelheit anfangs straucheln, den später jedoch das himmlische Licht mit frohen Farben erhellt. Wenn ich als einer, der ein Stückchen diesen Weg gewandert ist und einige Male das Land der Vielen Farben erblickte, erzähle, was ich weiß und wie ich dazu kam, ganz klar zu sehen, kann ich vielleicht jene ermutigen, die gerne an die Welt, wovon die Seher sprechen, glauben würden, die aber die Sprache, die jene schrieben, die der Herrlichkeit uralter Zeiten ansichtig geworden waren, nicht verstehen können oder vielleicht die alten Schriften nur für Aufzeichnungen ausgefallener Wünsche gehalten haben. Keiner braucht besondere Gaben oder Genialität. Gaben! Es gibt keine Gaben. Für alles, was wir besitzen, haben wir den Preis bezahlt. Es ist nichts, wonach wir streben, wofür wir nicht etwas von unseren eigenen spirituellen Gütern eintauschen können. Genialität! Damit geizt der Wächter der Schatzkammer nicht. Allerdings wird sie einem nicht verliehen, sondern man erwirbt sie. Jener Mensch dort, mit der bedrückten Seele, könnte, wenn er nur die Willenskräfte nützte, Apollos Leier spielen, der Säufer da vom Göttlichen berauscht sein. Kräfte werden an niemanden nach Lust und Laune vergeben. Die Formeln, die der Chemiker erläutert, indem er sie vor seinen Studenten kommentiert, sind nicht sicherer nachprüfbar als die Formeln der Alchemie, wodurch das, was grobstofflich in uns ist, zu ätherischem Feuer gewandelt werden kann. Unsere Religionen versprechen uns Erfüllung jenseits des Grabes, weil sie heutzutage kein Wissen besitzen, das sich testen läßt, aber die Alten sprachen von einem göttlichen Gesicht, das sich erwerben ließ, während wir noch im Körper weilen. Die Religion, die nicht ausruft: »Ich bin heute so beweisbar, wie das Wasser netzt und Feuer brennt; prüft mich, auf daß ihr werdet wie die Götter«, der mißtraue man. Ihre Emissäre sind Propheten der Dunkelheit. Indem wir immer tiefer ins Eiserne Zeitalter absinken, begegnen uns die im Abgrund lauernden mächtigen Teufel von Staat und Reich, die Anspruch auf die Seele erheben und sie nach ihrem Bilde formen, auf daß sie wahrlich ihr Geschöpf sei und nicht dasjenige des Himmels. Wir benötigen in uns selbst eine Kraft, die diesen mächtigen Kräften gegenüberzutreten vermag.

Obwohl ich blind bin, waren mir Augenblicke des Sehens beschieden. Obwohl ich sündigte, beschritt ich den Pfad. Obwohl ich schwach bin, habe ich den Weg zur Kraft entdeckt. Ich erforschte Methoden, um die magischen Lichter, die in mir aufgingen und verblaßten, sicherer in Besitz zu nehmen. Ich wollte sie nach Belieben hervorrufen können und Herr über meine Vision sein, und mir wurde gelehrt, was so alt wie die Menschheit ist. Tag für Tag, zu Zeiten, in denen mich niemand stören würde und mich niemand weder aus Zuneigung noch einem andern Grund besuchen durfte, machte ich mich daran, die Beherrschung über meinen Willen zu erlangen. Ich nahm mir jeweils geistig einen Gegenstand vor, eine abstrahierte Form, und bemühte mich, meine Gedanken in beharrlicher Konzentration darauf gerichtet zu halten, so daß keinen Moment, keinen Augenblick, die Anspannung nachließ. Eine Übung ist dies, eine Schulung für höhere Abenteuer der Seele. Es ist keine leichte Arbeit. Das Ziehen der Furche ist weitaus weniger schwierig für den Pflüger. Fünf Minuten dieser Anstrengung lassen uns anfangs zitternd zurück wie am Ende eines mühseligen Tages. Dann merken wir erst, wie wenig vom Leben uns wirklich gehört hat und wieviel eine Reaktion auf Sinneseindrücke, ein Dahintreiben auf den Gezeiten des Verlangens gewesen ist. Das Gerücht einer Revolte – der Geist wolle der Knechtschaft entfliehen – verbreitet sich im Körper. Weltreiche senden ihre Armeen nicht so rasch aus, um Aufstände niederzuschlagen, wie alles, was in uns sterblich ist, die Nerven, Arterien und jeden Transportweg des Körpers entlanghastet, um die Seele zu belagern. Das schöne Angesicht von jemandem, den wir lieben, erstrahlt vor uns noch verlockender als das Leben, um uns, uns bezaubernd, von unserer Aufgabe abzubringen. Alte Sünden, Feindschaften, Eitelkeiten und Begehren belagern und bedrängen uns. Schenken wir ihnen kein Gehör, schlagen sie sich zum Schein auf unsere Seite, indem sie uns Perspektiven eröffnen von all dem, was wir und sie tun werden, wenn wir diese neue Kraft, die wir erstreben, erlangt haben. Lassen wir uns verleiten, eine dieser Möglichkeiten weiterzuverfolgen, merken wir nach einer Stunde nutzlosen Grübelns beschämt, daß wir abseits gelockt worden sind, daß wir unsere Aufgabe im Stich ließen und das strenge Ausrichten unseres Willens, das wir uns zum Ziel setzten, vergaßen. Halten wir unser tägliches Ritual durch, wird der Aufruhr um so größer; unser ganzes Wesen belebt sich, das Schlechte ebenso wie das Gute. Die Hitze dieser inbrünstigen Konzentration wirkt wie Feuer unter einem Kochtopf, und alles in uns kocht wild auf. Wir lernen unseren eigenen, bis dahin unbekannten Charakter kennen. Wir wußten ja gar nicht, daß wir solch heftiger Begehren fähig seien, stellten uns niemals solch leidenschaftliche Feindschaften vor, als jetzt erwachen. Wir haben ein Kraftzentrum in uns geschaffen und verwirklichen uns nun selbst. Es ist auch gefährlich, haben wir uns doch in den ewigen Konflikt zwischen Geist und Materie hineingeworfen und finden uns in der Schlacht, wo es am höchsten hergeht, wo die Feinde im tödlichen Kampf verstrickt sind. Wir setzen uns mit größeren Mächten auseinander, als wir uns vorher überhaupt ausdenken konnten. Ist einer, der glaubt, er besitze Selbstbeherrschung? Der steht im seichten Wasser und hat sich weder auf hohe See hinausgewagt, noch ist er je auf Gedeih und Verderb den Wellen ausgeliefert gewesen. Er soll nur die verborgenen Kräfte in sich erwecken, und er wird sich vorkommen wie einer, der die Lawine ausgelöst hat. Niemand vermöchte dieses Chaos lebend durchzustehen, wenn der Wille die einzige Kraft in uns wäre, auf die wir uns berufen können, denn der Wille ist weder gut noch schlecht, sondern schiere Kraft, und er belebt Gut und Böse ganz unparteiisch. Wäre dies alles, brächte uns unsere Anstrengung dem Göttlichen nicht näher, sondern nur einer Erweiterung unserer Persönlichkeit.

Aber die Alten, die uns diese Intensität zu erreichen lehrten, lehrten dies nur als Vorstufe zu einer Meditation, die nicht verschwimmen, sondern kraftvoll sein würde. Die Meditation, die sie uns so sehr ans Herz legten, ist als »das unsagbare Sehnen des inneren Menschen, sich im Unendlichen zu verströmen« definiert worden. Das Unendliche jedoch, wohinein wir uns begeben möchten, ist lebendig. Es ist unser Wesen in letzter Vollendung. Meditation bedeutet inbrünstiges Brüten über diesem erhabenen Ich. Wir projizieren uns in seine ungeheuren Ausmaße. Wir denken uns selbst als Spiegelbild seiner Unendlichkeiten, als Bewegung in allen Dingen, in Erde, Wasser, Luft, Feuer und Äther. Wir versuchen, so zu wissen, wie es weiß, zu leben, wie es lebt, mitzufühlen, wie es mitfühlt. Wir gleichen uns ihm an, damit wir es verstehen und es werden können. Wir knien nicht als Sklaven vor ihm, sondern als Kinder des Königs erheben wir uns zu dieser Herrlichkeit und bestätigen uns selbst, daß wir sind, was wir uns vorstellen. »Was ein Mensch denkt, ist er; das ist das alte Geheimnis«, spricht der Weise. Wir haben uns in diesen jämmerlichen Traum vom Leben hineingedacht. Durch Vorstellungskraft und Willen gehen wir wieder in unser wahres Wesen ein, werden zu dem, was wir uns vorstellen.

Auf diese Bahn des inbrünstigen Brütens begab ich mich. Zuerst fand ich mich in einem Zustand gänzlicher Betäubung. Mir war wie einem, der aus dem Tageslicht in die farblose Nacht einer Höhle eintritt, was davon herrührte, daß ich plötzlich den gewohnten Gang des Lebens umgekehrt hatte. Normalerweise leben wir, indem wir mit den Augen sehen, mit den Ohren hören, uns von den Sinnen in Tätigkeit versetzen lassen, von Körperkräften bewegt, und fangen nur solch spirituelles Wissen auf, als eine momentane Klarheit unseres Wesens durchlassen kann. Auf dem mystischen Pfad erzeugen wir unser eigenes Licht und mühen uns anfangs blind und benommen, sehen nichts, hören nichts, unfähig zu denken, unfähig, uns etwas vorzustellen. Es scheint, als hätten uns Traum, Vision oder Eingebung verlassen, als sei unsere Meditation gänzlich fruchtlos. Laßt uns jedoch fest bleiben, tage- oder wochenlang, und über kurz oder lang verfliegt die Betäubung. Unsere Fähigkeiten passen sich an und verrichten die Arbeit, die ihnen unser Wille aufträgt. Niemals haben sie besser funktioniert. Die dunklen Höhlen im Gehirn leuchten auf. Wir erzeugen unser eigenes Licht. Unter dem Druck unseres Willens und unserer hohen Zielsetzung verwandeln wir das Grobe in den zarten Äther, worin unsere Geisteskräfte wirken. So wie der stumpfe Metallbarren zu glühen beginnt, erst rötlich, dann weiß, oder wie Eis schmilzt und nacheinander flüssig, dampf- oder gasförmig wird und schließlich zu strahlender Energie, so werden diese Äther geläutert und alchemistisch in Leuchtextrakte verwandelt, wobei sie ein neues Gewand für die Seele ergeben und uns mit der Mittelwelt oder dem Himmelwärtigen verbinden, wo auch ihre wahre Heimat liegt. Wie beweglich sind die Gedankenkräfte jetzt! Wie lebendig die Vorstellungskraft! Wir sind aus dem Durcheinander des Körpers hinausgehoben. Die Hitze des Blutes verflüchtig sich unter uns. Wir kommen unserem wirklichen Ich näher. Unser Herz sehnt sich nach der Stunde der Meditation und drängt ihr entgegen; und wenn sie da ist, kommen wir in uns selbst hoch, wie ein Taucher, der zu lange unter Wasser weilte, hochkommt, um Atem zu holen und das Licht zu sehen. Wir haben den Gott angerufen und erhalten Antwort nach altem Versprechen. Wie unser hohes Ziel, so ist auch unsere Eingebung. Wir erfahren sie als Liebe – und was für Liebe umfängt uns da! Wir erfassen sie als Macht und leiten aus dieser Erhabenheit unsere Vollmacht ab. Wir erträumen sie als Schönheit, und der Magier des Schönen erscheint überall bei ihrer wundersamen Kunst, und die Scharen der herrlichen, ihren Gedanken entsprungenen Geschöpfe sind eifrig damit beschäftigt, die Natur und das Leben nach ihrem Bild zu formen, und alle eilen, eilen der goldenen Welt zu. Diese Vision birgt den Beweis für den Geist in sich, Worte jedoch können sie weder fassen noch erklären. Wir müssen uns auf tiefere Ebenen begeben und uns vom Körperlosen demjenigen zuwenden, das Form besitzt.

Das Vielfarbene Land

Ich bin schon immer ebenso neugierig gewesen, was die Psychologie meiner eigenen Visionen betrifft, wie mitteilungsbedürftig, was diese selbst angeht, und ich möchte in diesem Buch von den Bemühungen eines Künstlers und Dichters berichten, der herausfinden will, wieviel Wahrheit seinen eigenen Vorstellungen zugrunde liegt. Ich habe länger über das Wesen der Vorstellungskraft nachgegrübelt als über der Leinwand verweilt, worauf ich versuchte, meine Vision wieder zusammenzubringen. Geistige Stimmungen sind schwer auszudrücken, und darüber kann man auch nicht diskutieren, aber über den Mechanismus der Vorstellungskraft läßt sich sehr wohl reden, und er bedarf präziser und sorgfältiger Untersuchungen. Was ich von den Psychologen gelesen habe, die dies abhandeln, erregt den Verdacht, daß sie selbst dieser Fähigkeit bar waren und davon sprachen wie Blinde, die gern zeichneten, allerdings ohne zu sehen, was. Es überwältigt uns beim Lesen des *Entfesselten Prometheus* – jedoch wer schon schiebt dabei die Verzauberung beiseite, um sich darüber Gedanken zu machen, in was für einem Zustand sich Shelleys[5] Seele befand, in jenem beflügelten Schaffensrausch. Künstler und Dichter verspüren kaum je Neugierde ihren eigenen Denkprozessen gegenüber. Dennoch darf man mit einer gewissen Berechtigung annehmen, daß höchste Vision und Ekstase

5 Percy Bysshe Shelley (1792–1822): englischer Dichter der romantischen Epoche mit stark prophetischer Tendenz und wunderbar lyrischem Ausdruck.

von Gesetzmäßigkeiten abhängen und allen Menschen offenstehen, und dies dürfte sogar von größerer Wichtigkeit sein als die eigentliche Botschaft der Seher. Der beharrlichen Meditation und inbrünstigen Konzentration schreibe ich die zunehmende Helligkeit in meinem Gehirn zu, als hätte ich im Körper eine Quelle inneren Lichtes entsiegelt. Normalerweise sehen wir beim Schließen der Augen wolkiges Dunkel, wodurch sich gelegentlich unbestimmte Formen zur Deutlichkeit durchringen. In mir wurde jedoch der leuchtende Zustand nach und nach der normale, und beim Meditieren brach zuweilen ein fast unerträglicher Lichterglanz in mich ein, klare, strahlende Gesichter, blendende Prozessionen von Gestalten, uralte Orte und Völker und Landschaften, so lieblich wie das verlorene Eden. All dies schien anfangs mit mir nicht mehr zu tun zu haben als Bilder auf der Straße draußen, die man in einem Spiegel sieht; aber zuweilen griff die Meditation auf Gebiete über, die Wirkliches ausstrahlten. Einst, einem inneren Impuls folgend, meditierte ich zur ungewohnten Stunde, worauf das Bewußtsein für den Körper im Nu verschwand. Das Blut und die Hitze des Gehirns ebbten von mir ab, wie die Insel im Nebel versinkt hinter einem schnellen, ins Licht schießenden Schiff. Die Bahnen in mir lagen offen. Ich erhob mich durch mich selbst, und plötzlich war mir, als wäre ich von einem Traum erwacht. Wo befand ich mich? In welcher Stadt? Hügel gab es hier, gekrönt von glitzernden Tempeln, und die Straßen waren, so weit ich sehen konnte, dicht gedrängt mit ausgesucht schönen Menschen, die sich hin- und herbewegten, wie von einer Verzückung ergriffen, die alle durchfuhr, als hauchte der dunkle verborgene Vater seinen Kindern Lebensbegeisterung ein. Sah ich für sie gleich aus wie sie? War ich für sie als Neuankömmling in ihrem Land des lieblichen Lichtes erkennbar? Ich konnte es nicht ausmachen, aber diejenigen, die nahe bei mir standen, strömten mir mit ausgestreckten Händen entgegen. Ich wurde gewahr, wie sich Augen, in denen eine wunderbare Flamme der Liebe schien, in die meinen versenkten. Aber ich konnte nicht länger bleiben, denn etwas unter mir zog mich nach unten, und wieder war ich vom Licht verbannt.

Meditation gab meinem Sein eine stärkere Orientierung, wie nach einer verborgenen Sonne, und meine Gedanken kreisten immer mehr um das spirituelle Leben der Erde. Alle Magnetnadeln des Daseins wiesen darauf hin. Instinktiv spürte ich, daß alles, was ich im Geist sah, zum Leben der Erde gehörte, welche ein fürstlicher Haushalt ist mit vielen sternhellen Palästen. Darüber herrschte der Planetargeist als König, und dieser Geist, der sich durch die Substanz der Erde, der hoheitsvollen Mutter, offenbart, war, so fühlte ich, das Wesen, nach dem ich tastend suchte als nach einem Gott. Meine Liebe zur Natur, als dem Gewand dieser Gottheit, vertiefte sich. Was mir angehörte, kam zu mir, wie es zu allen Menschen kommt. Was mich für sich beanspruchte, zog mich zu sich. Ich genoß Tage und Nächte voller Freiheit. Wie oft zog ich im Sonnenschein eines Sabbatmorgens los, das Gesicht hügelwärts, und fühlte mich ein bißchen unsicher, wie ein Liebhaber, der sich seiner angebeteten Schönen nähert, die ihm manchmal alles gewährt, ein andermal schweigend nur gerade seine Anwesenheit duldet. Ich wußte nicht, was mir geschehen würde, erwartete aber unentwegt etwas und schritt die Berge hoch wie zu Gottes Thron. Schritt für Schritt fielen von mir Leidenschaften und Ängste der Woche ab, bis ich, nachdem ich den

Hügel erreicht und mit geschlossenen Augen am grasigen Hang ausgestreckt lag, alles abgelegt hatte, bis auf das Verlangen nach dem Ewigen. Wiederum war ich das Kind ganz nah bei der Mutter. Sie belohnte mich, indem sie den Schleier, der ihr wahres Gesicht verhüllt, etwas lüftete. Für jene fortgeschrittenen Seelen, die ihre Verwandschaft erkennen, wird der Schleier gehoben, ihr Angesicht enthüllt, und es gleicht demjenigen einer Hochzeiterin. Unbedeutend wie mein Alltagsleben auch war, mit den Ängsten und der Schüchternheit, die eine abnormale Empfindlichkeit erzeugt, in jenen Augenblikken der Vision verstand ich instinktiv, daß sich jene, die unter den Höchsten wandeln wollen, einen hohen Mut bewahren müssen. Und wer könnte, mit dem vor ihm schimmernden göttlichen Antlitz, auch etwas anderes tun als anzubeten!

Es gibt einen Instinkt, der unsere Lippen zum Verstummen bringt, wenn sie von Mysterien sprechen möchten, deren Tag der Offenbarung noch nicht gekommen ist. Vom wenigen, was ich darüber weiß, werde ich nichts sagen. Hingegen ist es immer rechtens, das Gespräch auf jene höhere Weisheit zu lenken, die unsere geistige Existenz mit der vielfältigen Einheit verbindet, die Gott, Natur und Mensch umfaßt. Die einzige Rechtfertigung für mich, das Wort zu ergreifen, statt anderer, deren Wissen fundierter ist, besteht darin, daß das Aufeinanderabstimmen von Worten und Gedanken eine Kunst ist, die ich öfter ausgeübt habe. Was ich sage, vermittelt vielleicht noch mehr die Wahrheit, wie der geschickte Künstler, der eine zum ersten Mal gesehene Landschaft malt, möglicherweise noch mehr auf Schönheit und Zauber hinzuweisen vermag als der ständig dort Lebende, in der

Kunst Ungeschulte, dem jedoch das Tal, das er liebt, so vertraut ist, daß er es mit verbundenen Augen von einem Ende zum andern durchschreiten könnte.

Ich möchte kein Buch von Wunderdingen schreiben, sondern eher das Denken auf jene Wesenheit zurückrichten, welche die alten Seher als Gottheit verehrten. Ich glaube, daß das meiste, was von Gott gesagt wurde, sich in Wirklichkeit auf jenen Geist bezieht, dessen Körper die Erde ist. Irgendwie muß ich das Wesen der Visionen zum Ausdruck bringen, die mich mit Plato zum Glauben brachten, daß die Erde ganz und gar nicht das ist, was die Geographen annehmen, und daß wir wie die Frösche auf dem Grund eines Sumpfes leben und nichts von der vielfarbenen Erde wissen, die derjenigen, die wir kennen, überlegen ist, jedoch mit ihr zusammenhängt wie die Seele mit dem Körper. Auf dieser vielfarbenen Erde lebt ein göttliches Volk, berichtet er, dort stehen Tempel, worin die Götter wahrhaftig wohnen, und ich möchte gerne mitteilen, soweit dies Worte vermögen, wie mir manches von dieser Herrlichkeit aus alter Zeit im Wald, am Hügelhang oder am Strand des westlichen Meeres in Erscheinung entgegentrat.

Manchmal lag ich, die körperlichen Augen wie im Schlaf geschlossen, am Hang und konnte Täler und Hügel sehen, glitzernd wie ein Juwel, wo alles aus sich heraus schimmerte, die Farben leuchtender und reiner waren, jedoch in sanfteren Harmonien ineinanderspielten als die Farben der Welt, die ich kenne. Die Winde perlten beim Hin- und Herwehen, jedoch trat auch, was weit weg war, durch diese leuchtende Luft deutlich hervor. Das Weitentfernte war so gestochen scharf wie das Naheliegende, und der Wille, mehr zu sehen, ließ mich zu dem hineilen, was ich mir wünschte. Dort, in diesem Land, sah ich auch Springbrunnen wie aus leuchtendem Nebel, die Strahlen aus einer verborgenen Kraftquelle hochschickten, und strahlende Leute, die in diese Brunnen eingingen, sie einatmeten und sich von dieser magischen Luft beleben ließen. Diese waren, glaube ich, jene, die in der Antike die Geschichten von Nymphen und Dryaden entstehen ließen. Ihre Vollkommenheit war die Vollkommenheit einer Blume, eine Schönheit, die anscheinend niemals durch eine Tat des individualisierten Willens getrübt worden war, welche bei uns die Wahl zwischen Gut und Böse ermöglicht und die Gußform der natürlichen Schönheit beeinträchtigt. Schöner als wir, schienen sie jedoch weniger menschlich, und ich nehme an, daß mir in einem Augenblick mehr Gedanken durch den Kopf gingen als ihnen in vielen Tagen. Manchmal fragte ich mich, ob ihr Wesen irgendwie konzertiert worden sei. Schaute eines hoch, taten es alle. Beugte sich eins, um die zauberischen Lüfte von den Brunnen einzuatmen, neigten sich viele im selben Rhythmus. Mich wunderte, ob ihre Gedanken alle einem anderen Wesen gehörten, einem das in ihnen wohnte, als Wächter oder Gruppenseele ihrer Gattung?

Solcherart waren meine ersten Visionen des Übernatürlichen, weder spirituell noch von besonderer Bedeutung, keinesfalls so erhaben wie jene transzendierenden Augenblicke der Ehrfurcht, wenn, nahezu ohne Erscheinungen, die göttliche Dunkelheit im Geistigen auszuatmen schien. Aber ich war neugierig, was diese Gestalten anbetraf, und wurde von ihnen oft von den höchsten Meditationen abgelenkt; denn ich war geblendet wie ein Kind, das aus einer dunklen Gasse entflohen ist, in einer unserer Städte der großen Trübsal, wo es sein Leben fristete, und zum ersten Mal außerhalb der Stadt auf einen prächtigen Garten stößt, wo die Luft vom Flieder- und Rosenduft schwer ist und Farben die Augen froh machen. Solch eine Herrlichkeit beginnt uns zu leuchten, wenn wir der Gottheit zuschreiten, wie auch die Erde heller wird, wenn wir vom düsteren Pol den Ländern der Sonne entgegengehen; und ich möchte unserer Menschheit, die immer tiefer ins Eiserne Zeitalter hinuntersinkt, zurufen, daß die goldene Welt überall um uns ist und daß niemand davon ausgeschlossen wird, der sich ihr immer wieder zuwendet und nach ihr sucht.

Wie sich der Wille verstärkte und die Sehnsucht nach dem angestammten Ich immer leidenschaftlicher wurde, erhielt ich Einblicke in ein ekstatischeres Leben im Dasein der Erde. Einst lag ich in den Sanddünen ausgestreckt am Meer des Westens. Die Luft schien voller Melodien. Das Wehen des Windes verursachte eine ununterbrochene musikalische Schwingung. Ab zu und trat der Silberklang von Glocken an mein Ohr. Eine Weile sah ich nichts. Dann verstärkte sich das Licht vor meinen Augen, wie das Aufblitzen von Sonnenlicht in einem Kristall. Es weitete sich, wie beim Öffnen eines Tores, und ich sah, wie das Licht dem Herzen einer leuchtenden Gestalt entströmte. Ihr Körper war von Licht durchflutet, als ob Sonnenfeuer statt Blut in ihren Adern ränne. Lichtströme gingen von ihr aus. Sie schwebte über mir auf dem Wind und hielt, von goldenem Haar umwirbelt, das über die Saiten fegte, eine Harfe. Vögel umflogen sie, und über der Stirne erhob sich feuriges Gefieder, wie ausgebreitete Feuerschwingen. Auf dem Antlitz lag die Verzückung von Schönheit und unsterblicher Jugend.

Andere, ein edles Volk, zogen auf dem Wind an mir vorbei, als kennten sie weder mich noch die Erde, worauf ich lebe. Als ich wieder zu mir kam, schien mir meine eigene Welt grau und lichtlos, obwohl die Sommersonne auf den Sand brannte.

Noch eine Vision will ich erwähnen, weil sie Dinge betrifft, die uns die Alten lehrten und Gegenstände, worüber ich in späteren Kapiteln schreiben muß. Wo ich dieser ansichtig wurde, werde ich verschweigen. Eine Halle war da, größer als jede Kathedrale, mit Säulen, die aus lebendem, bebendem Opal zusammengefügt schienen, oder aus einer Sternsubstanz, die in allen Farben, den Tönen des Abend- und Morgendämmers, funkelten. Golden glänzte es darinnen, und zwischen den Pfeilern erhoben sich hohe Throne, die Glanzschattierung für Glanzschattierung blasser wurden, bis ans Ende des riesenhaften Saales. Darauf saßen die göttlichen Könige. Ihre Helmzier war Feuer. Einen sah ich mit einem Drachenkamm, und ein anderer war mit funkelnden Feuern geschmückt, die hochloderten wie flammende Federn. Glänzend und sternengleich saßen sie da, stumm wie Statuen und riesenhafter als ägyptische Götterbilder, und am Ende der Halle befand sich ein noch höherer Thron, worauf einer saß, der an Erhabenheit alle andern übertraf. Ein Licht wie die Sonne glühte hinter ihm. Unten auf dem Fußboden des weiten Raumes lag eine dunkle Gestalt, wie in Trance, und zwei der göttlichen Könige bewegten ihre Hände über deren Haupt und Körper. Dort, wo ihre Hände durchfuhren, bemerkte ich, wie Feuerfunken wie Juwelen aufbrachen. Aus dem dunklen Körper erhob sich einer, so groß, so herrlich, so schimmernd wie jene, die auf den Thronen saßen. Wie er die

Halle in sein Bewußtsein nahm und seiner göttlichen Verwandten gewahr wurde, hob er die Hände zum Gruß. Er war von seiner Pilgerschaft durch die Dunkelheit zurückgekehrt, jedoch jetzt als Eingeweihter, als Meister der himmlischen Zunft. Während er den Blick auf sie richtete, sprangen die großen goldenen Gestalten von ihren Thronen hoch, und auch sie hoben grüßend die Hände, und sie entfernten sich von mir und gingen schnell in die große Herrlichkeit hinter dem Thron ein.

Analytisches

Bevor ich mehr über jene Übernatur sprechen darf, die sich wie ein Himmelsturm über den Tiefen erhebt, worin wir uns bewegen, ist mir schon klar, daß ich versuchen muß, einige der Zweifel und Verwirrungen auszuräumen, die die meisten Menschen befallen, die Dinge erzählt bekommen, die sie persönlich weder gehört noch gesehen haben. Sie werden mir entgegenhalten: »Sie sind Künstler und haben solche Dinge gemalt. Wir wissen, Sie besitzen Vorstellungsvermögen, das Bilder voller Leben hervorbringt. Sie sind Dichter, und es ist die Kunst Ihrer Zunft, die Gedanken und Gefühle, die Sie haben, für uns zu verschönern, so daß Sie jedwelche für uns gewöhnliche Stimmungen kostbar einkleiden, bis sie einherschreiten wie Könige. Welche Gewißheit haben Sie indessen, daß nicht alles Einbildung ist und daß die Visionen, von denen Sie sprechen, nicht Ausgeburten der vernebelten Höhlungen Ihres Gehirns sind oder verklärte Erinnerungen an Dinge, die Sie erst mit den sinnlichen Augen wahrnahmen und die nachträglich im Gehirn umgeformt wurden? Welche Garantie haben Sie, daß das, wovon Sie sprechen, überhaupt mit einer wirklichen, für unsere Augen unsichtbaren Welt, zusammenhängt?« Um diese Zweifel zu zerstreuen, darf ich mich weder hinter Autorität verschanzen noch um Vertrauen bitten. Es nützt nichts, darauf hinzuweisen, daß andere Menschen ebenfalls solche Dinge gesehen und mit mir betrachtet haben; wir, die wir zusammen davon reden, wie Leute, die dieselbe Landschaft sehen und beim Sprechen auf Felsblöcke, Gewässer und Bäume verweisen, wir wissen, daß diese Dinge eine von allen geteilte Erscheinung sind. Es entspräche der Wahrheit wohl, wenn ich das sagte, aber es würde mich mit meinem Wunsch nicht weiterbringen, daß Sie diesen Weg, von dem ich gerne hätte, daß Sie ihn gehen, voller Hoffnung beschreiten. Auf diesem Pfad wird, nach einer alten Schrift, jeglicher Ort, worauf man sich zubewegt, das eigene Ich; und ich muß zuerst einmal versuchen, falsche Ideen über Gedächtnis, Vorstellungskraft und das zweite Gesicht über Bord zu werfen, damit sich die Menschen durch reine Vernunft aus dem Irrtum befreien können und fähig werden zu unterscheiden zwischen dem, was in ihnen selbst entsteht und dem, welches von anderswo herkommt, und von dem wir annehmen, daß es sich um einen Besuch aus einem fernen Land handelt. Auch ich unterhielt als Junge die so weitverbreitete Vorstellung, daß die Bilder der Imagination alte, umgeänderte Erinnerungen seien. Allerdings kamen mir die ersten Zweifel bereits als Kind, als, während ich auf dem Bett lag, sich plötzlich Helligkeit in meinem Gehirn verbreitete und sich vor meinen inneren Augen Bilder zu bewegen begannen, wie die farbigen lebenden Bilder, die wir im Theater sehen. Ich sah, ich erinnere mich, einen sonnenbeschienenen Hügelhang, der mir ganz nahe schien. Riesige graue Felsbrocken lagen herum. Auf der andern Seite des Hanges konnte ich, in der hellblauen, prickelnden Luft, in weiter Ferne Berge erkennen. Unter meinen Augen kraxelten Riesen in messingfarbenen Rüstungen schnell den Hügel hoch und schwangen Keulen mit an Ketten befestigten Stachelbällen aus Messing. Sie funkelten in der Sonne, als sie hoch- und an mir vorbeirannten. Bewegung, Licht, Schatten, Farbe waren so vollkommen wie von Dingen, die das physische Auge aufnimmt. Dann erlosch das Licht in meinem Gehirn, das Bild verschwand, und ich war erschrocken, hatte ich doch, weder auf Bildern noch im Theater, einen solchen Hügelhang gesehen, auch keine fernen Berge oder Riesen in Messingrüstungen, und ich fing an, darüber nachzugrübeln, was ich allerdings bald aufgab, denn Kindheit ergeht sich nicht in ausgedehnten Betrachtungen. Ich darf dies als Visionstyp nehmen, der unter den Menschen weit verbreitet ist. Sitzen sie entweder im Dunkeln oder halten die Augen geschlossen, oder wenn sie sich in den Schlaf gleiten lassen oder aufwachen, kommen sie durch fremde Städte, schweben durch die Luft, schweifen durch Wälder, erleben Abenteuer mit Menschen, die nicht diejenigen sind, mit denen sie täglich zu tun haben. An solchen Visionen ist nichts Außergewöhnliches. Deren Interpretation allein ist schuld, daß Irrtum entsteht. Die Leute tun sie zu leichtfertig ab, indem sie sagen: »Das ist eben Phantasie«, als ob die Vorstellungskraft kein Mysterium wäre und sich so leicht erklären ließe wie ein Exempel im Rechenbuch, und als ob nicht jedes lebende Bild im Kopf ebenso detaillierter Untersuchungen bedürfte, wie Darwin dem Regenwurm angedeihen ließ. Von mir wurde verlangt, daß ich glauben sollte, daß Riesen, Rüstung, Hügelhang und sonnige Entfernung auf diese Art in meinem Gehirnkasten erschienen waren, weil ich Männer gesehen hatte, die sich möglicherweise zu Riesen vergrößern ließen, Bilder von Rüstungen, die ihnen die Phantasie anlegen, Messing, womit die Rüstung angemalt werden könnte. Jeder Felsbrocken sollte sich aus dem Gedächtnis vervielfältigen und vergrößern lassen, um den Hügelhang zu stellen, und jeder Himmel voller sonniger Bläue reichte für meine Entfernung. Wie glaubhaft für eine Sekunde! Wie undenkbar nach einem Augenblick der Überlegung! Ich weiß, wenn Sie mir hunderttausend Bilder von Köpfen gäben, könnte ich kaum, durch Ausschneiden und Zusammenkleistern, ein neues Gesicht schaffen, das in Ton und Schattierung echt erschiene; es wäre eine Mordsarbeit. Außerdem sind die Gesichter der Vision nicht bewegungslos. Sie verändern sich. Sie besitzen Leben und Ausdruck. Das Sonnenlicht wirft echte, wandernde Schatten auf die Erde. Was ist es denn, das mit solch wunderbarer Geschicklichkeit das Gesehene verbindet, hier eine Nuance hernimmt, den Bruchteil einer Form da, das Farben und Formen des Gedächtnisses wie eine Palette handhabt, um solche Meisterwerke zu malen? Es gilt: »Jeder Mensch ist im Traum ein Shakespeare.« Wer Landschaft träumt, ist mehr als ein Turner[6], denn er bringt seine Bäume dazu, sich im Winde zu neigen, und seine Wolken, über den Himmel zu ziehen. Das Gehirn im Wachzustand tut dies nicht. Es ist sich der Schöpferkräfte nicht bewußt. Zu sagen, daß wir Erinnertes umgestalten, heißt annehmen, daß im Unterbewußten ein wunderbarer Künstler sitzt, dem alles, was wir je mit den physischen Augen wahrgenommen haben, gleichzeitig zur Verfügung steht und wie Ton in den Händen eines göttlichen Töpfers ist, und überdies ist es eine solch beflügelte Schöpfung, daß sie den Werken des Herrn Konkurrenz machen kann. Nun, ich bin nicht einer von jenen, die bestreiten, daß das Königreich des Himmels in uns ist, oder daß der König gleichfalls in seinem Himmel thront. Wir brauchen das ja auch nicht zu bestreiten und können trotzdem die Meinung vertreten, daß das Gesicht auf anderem Weg an uns herantritt. Auch ist es nicht zu leugnen, daß die Erscheinungen oft so strahlend und

6 William Turner (1775–1851): englischer Maler, berühmt für seine mythologischen Landschafts- und Meerbilder.

präzise sind, denn das bestätigt die Erfahrung, und Hunderte von Künstlern und in der Tat von Leuten, die mit dem Künstlerischen gar nichts zu schaffen haben, werden Ihnen bestätigen, wie klar sie in ihren Träumen sehen. Aber jenen, die behaupten, daß Visionen, wie ich und viele andere sie hatten, nur die Umgestaltung von Erinnerungen ohne etwas Geheimnisvolles daran seien, schlage ich vor, Nuance um Nuance, Form um Form auszudenken, wie diese neu zusammengesetzt werden könnten, und Sie werden jedes Wunder, das ich Ihnen schmackhaft machen möchte, durch etwas ebenso Wunderbares, aber weniger Glaubwürdiges ersetzt haben. Nicht etwa, daß es unglaubwürdig wäre, das Geistige im Menschen für das Schöpferische zu halten, denn alle Propheten und Seher der Welt haben uns das verkündet, aber die allgemeine psychologische Erklärung ist unannehmbar, denn wir wissen, daß Formen im Gehirn erscheinen können, die willentlich von einem Menschen zum andern übertragen wurden. Wenn wir das wissen, wenn wir wissen, daß das innere Auge die Form im Geiste eines andern wahrnehmen kann, müssen wir das als Hinweis auf eine enorme Anzahl von Erscheinungsmöglichkeiten auf dieser Ebene sehen. Wir fragen uns dann, vis-à-vis all dieser fremden Traumlandschaften und -städte, all dieser koboldhaften Gesichter, die uns während des Eindösens verspotten, all dieser Erscheinungen, die in unserem Geiste leben und weben, ob etwa auch sie nicht über die physischen Sinne und dann in Erinnerung umgewandelt zu uns kamen, sondern übertragen, wie die Bildgedanken, oder auf undurchschaubare Art aus Sphären über uns, vom Leben anderer und den Gesichtern anderer. Grübeln wir darüber nach, werden wir dahin kommen, daß die alte Erklärung unhaltbar ist, und werden uns voller Wunder und Hoffnung der Entdeckung dieses fremden Landes in uns zuwenden, wobei wir versuchen, seine Grenzen auszumachen und ob wir über Bild oder lang überdachte Vision nicht bis zu ihrem ursprünglichen Wesen hinaufreichen können.

Ich glaube, wenige unserer Psychologen besaßen eigenes Vorstellungsvermögen. Es sind sehr emsige Köpfe und, wie ein östliches Sprichtwort sagt, gestörte Wasseroberflächen spiegeln gestörte Bilder. Ihre Sicht ist zu kraftlos, um das Geschehene für sich als Wunder zu erleben. Sie diskutieren über das Wesen der Phantasie wie Leute über Kunst, die noch nie ein Bild oder eine Skulptur gesehen haben. Ein Autor beschreibt das Licht als Schwingung, die sich aufs Auge auswirkt und sich in den Nerven fortpflanzt, bis sie in den Gehirnzellen gespeichert wird. Die Schwingung wird anscheinend dort aufgehalten oder festgemacht. Dabei weiß ich doch, daß jede meiner Bewegungen, die Worte, die ich spreche, der Kreislauf meines Blutes, jedes Molekül in meinem Körper zum Schwingen bringt. Wie kommt es, daß die Schwingung in den Zellen nicht betroffen wird? Ihrer Hypothese nach muß sie unbeteiligt bleiben, denn ich kann die ursprüngliche Szene ins Gedächtnis zurückrufen, kann sie besprechen, kann sie nach Jahren wieder abrufen und finde das Bild so klar wie am Anfang. Ich beziehe mich in Gedanken darauf, und es bleibt unverändert. Die physische Erklärung des Gedächtnisses scheitert genauso wie die materielle der Vorstellung. Kann eine unveränderte Schwingung beibehalten werden, wenn die Substanz, die Träger der Schwingung ist, selbst ununterbrochenen Bewegungen ausgesetzt ist? Im Augenblick, wenn wir die Augen schließen und mit unseren Gedanken und Traumbildern allein sind, sind wir allein mit Wundern und dem Wunderbaren. Aber sind wir wirklich allein? Sind wir dort vor Eindringendem sicher? Sind wir nicht den dichtgedrängten Verkehrsadern des Daseins näher, wo alle Götter, Dämonen, Menschen und Kobolde übersinnliche Besucher sind? Ich will hier nicht von erhabenen Dingen sprechen, weil ich versuche, mich mit Leuten auseinanderzusetzen, die in nichts mehr etwas Wunderbares erblicken und alles Hohe mit einem albernen Ausdruck wie »Phantasie«, »Einbildung« oder »Halluzination« abtun. Aber ich weiß, von der Befragung vieler Leute, daß es für sie nichts Außergewöhnliches ist, beim Einschlafen Gesichter zu sehen, wenn sie die Augen geschlossen halten, und sie, wie sie glauben, allein sind. Manchmal sind es Koboldfratzen, die sie mißmutig angaffen, ihnen die Zunge herausstrecken, grinsen oder herumbrabbeln. Manchmal erscheint kein Gesicht, sondern eine Gestalt, oder Gestalten, die wie die Gesichter mit Leben begabt zu sein scheinen. Dies »Einbildung« oder »Phantasie« zu nennen ist keine Erklärung, weil diese selbst unerklärt bleibt. Je fester man sich auf diese trivialsten geistigen Erscheinungen konzentriert, desto sicherer spüren wir, daß sie eigenes Leben besitzen, und daß unser Gehirn so voller Lebewesen ist wie unser Körper brechend voll winziger Zellen, wovon jede einzelne lebt, oder wie das Blut, das von Bakterien wimmelt. Ich lenke Ihre Aufmerksamkeit auf das Geheimnisvolle im Offensichtlichen und Gewöhnlichen und verlange, daß dafür eine Erklärung gefunden und nicht darüber hinweggeschludert wird, als bedürfe es keiner. Ich bitte diejenigen, die an meiner Sichtweise zweifeln, ein wenig in das Geheimnis ihrer eigenen Gedanken und Träume einzudringen, bevor sie mich tadeln, mich, der über viele

Jahre darin weit herumgekommen ist und auf herrliche, bewohnte Gegenden stieß, wohin ich Sie auch führen möchte. Ich weiß, daß mein Gehirn ein Fürstenhof ist, an dem ein Gedränge von Lebewesen herrscht, und ich bin darin nie allein. Auch Sie können das erfahren, wenn Sie das Vorstellungsvermögen steigern und die Willenskräfte verstärken. Die Dunkelheit in Ihnen wird zu leuchten beginnen, und Sie werden in aller Klarheit sehen und erkennen, daß das, was Sie nur für ein Mosaik aus Erinnerungsfetzen gehalten haben, eher der Schaum auf einem riesenhaften Meer des Lebens ist, das sich am Ufer der Materie bricht, eigenes Strandgut hochwirbelnd, das sich dann mit dem Leben am Gestade, wo es aufläuft, vermischt. Wenn Sie nur Ihre Lampe entzünden, können Sie weit über diesen Ozean sehen und ihn sogar befahren. In Ihrem Armsessel können Sie weiter reisen als selbst Kolumbus und zu glanzvolleren Welten als jenen, worauf seine Augen ruhten. Haben Sie nicht genug vom Oberflächlichen? Kommen Sie mit, und wir werden im Jungbrunnen baden. Ich kann Ihnen den Weg zeigen zum Eldorado.

Das Vermischen der Naturen

Um uns einen einzigen Schritt fortzubewegen, müssen wir Kraft haben. Um zu sehen, müssen wir uns über uns selbst erheben. Damit wir uns in den Erscheinungen nicht verirren, müssen wir die Geographie des Geistes und die vielen Wohnungen im Sein des Vaters kennenlernen. Konzentrieren wir uns, erlangen wir Kraft. Meditieren wir, erheben wir uns über die dunklen Regionen des Gehirns. Das Innere soll für uns reichhaltiger und märchenhafter werden als die Außenwelt, die uns so lange gefangen gehalten hat. Wir bringe ich jene zum Meditieren, die nur bei Tageslicht sehen, die bei geschlossenen Augen wie Höhlenbewohner in der Finsternis unter den Hügeln hausen? Die Höhle des Körpers kann erleuchtet werden. Wenn wir herausfinden, wie, werden wir dort Lichter finden, die das Tageslicht verblassen lassen. Als Grundstock brachte ich wohl schon etwas an Begabung zur schöpferischen Vorstellung mit auf die Welt, aber ich kenne andere, die keine natürliche Seherkraft besaßen, sondern sie sich erwarben und sich durch ausdauernde Meditation und das Bündeln des Willens in einen Brennpunkt über das beschränkte Leben im Körper erhoben. Ich, der ich Künstler bin und ein Liebhaber von durch die Augen wahrnehmbarer Schönheit, ließ mich oft von der höchsten Meditation ablenken, um statt des göttlichen Wesens die Illusion der Seinsweisen zu betrachten. Jedoch gerade weil ich so hingerissen und wißbegierig nach allem war, was ich sah, kam mir die Gewißheit, daß die Bilder, die das Gehirn bevölkern, weder schon immer dagewesen noch Umgebildetes aus Gesehenem sind. Mir ist bekannt, daß sich mit den Erinnerungsbildern Bilder vermischen, die uns bald aus den Denkvorgängen anderer zukommen, bald aus flüchtigen Blicken auf ferne Länder bestehen oder Spiegelungen von Ereignissen aus für unsere Augen unsichtbaren Regionen sind. Im Maße, wie sich die Meditation steigert, tendieren die Formen, die sich auf das Gedächtnis zurückführen lassen, dazu zu verschwinden, und wir haben Zutritt zu einem Gedächtnis, das umfassender ist als unser eigenes, zu der Schatzkammer illustrer Erinnerungen aus den unzähligen Daseinszuständen der Erde. Werden die Bilder im Gehirn fein analysiert, können jene albernen Märchen über Erinnerung und Vorstellung bei jenen keinen Schaden mehr anrichten, die sich auf die Suche machen, und wir erkennen, wie viele Ströme zu unserem Leben beitragen. Alles, was ich gesagt habe, kann nachgeprüft werden von allen, die gegenüber den Dingen des Geistes so wissensdurstig sind, wie ich es war, wenn sie nur gewillt sind, das Licht auf ihrer Stirne zu entzünden und sich die Bewohner in ihrem Gehirn gründlich anzusehen. Sie werden finden, daß ihre Welt von den innersten Gedanken anderer dicht besiedelt ist und werden, durch Wunder und Ehrfurcht, immer weiter im Glauben bestätigt, daß wir und alle Dinge in einem Äther der Göttlichkeit schwimmen und die unbedeutendste Regung unseres Geistes unverständlich ist, außer wenn wir bedenken: »In ihm leben, weben und sind wir«. Die Untersuchungen der einfachsten geistigen Erscheinungen werden uns oft dazu verleiten, bei diesem Gedanken länger zu verweilen.

Einst, in einem müßigen Augenblick in meiner Arbeit, saß ich da, das Gesicht in den Händen vergraben, und im Halbdunkel fingen Bilder in meinem Gehirn zu flimmern an. Ich sah ein kleines, dunkles Ladengeschäft, vor mir die Theke und dahinter einen alten Mann, der an einigen Papieren herumfummelte, einen Mann, so alt, daß seine Bewegungen Flinkheit und Genauigkeit eingebüßt hatten. Weiter im Ladeninnern stand ein rothaariges Mädchen, die grauen, wachsamen Augen auf den Alten gerichtet. Ich bemerkte, daß man, um den Laden zu betreten, zwei Stufen vom gepflasterten Gehsteig hinuntersteigen mußte. Ich fragte einen jungen Mann, meinen Bürokollegen, der eben einen Brief schrieb, darüber aus, und es stellte sich heraus, daß das Gesehene seines Vaters Laden war. Alle meine Vorstellungen – der alte Mann, sein gelblich-weißer Bart, seine tastenden Bewegungen, das wachsame Mädchen, ihre Gesichtsfarbe, die Treppenstufen, der gepflasterte Gehsteig – waren genaugenommen nicht meine eigenen Vorstellungen, denn während ich tagträumte, hatte mein Gefährte an sein Zuhause gedacht, und in seinem Kopf wimmelte es von wiederbelebten Erinnerungen; sie griffen auf mein Denken über, und wie ich ihn befragte, fand ich ihren Ursprung heraus. Möglicherweise hatte ich in meiner Kunst von solchen Dingen bereits Gebrauch gemacht. Ich hätte eine Erzählung über den Alten und das Mädchen schreiben können. Aber wenn ich das getan hätte, falls andere Charaktere erschienen wären, die ebenso lebendig schienen, wo wären die wohl hergekommen? Hätte ich etwa wieder aus dem Erinnerungsreservoir meines Gefährten geschöpft? Die Erscheinung des Mädchens und des alten Mannes können in Wirklichkeit nicht mehr als ein Bruchteil der Bilder gewesen sein, womit mein Gehirn überflutet worden war. Sah ich damals das Ganze, oder könnten nicht vielleicht andere Bilder derselben Serie zu einem späteren Zeitpunkt auftreten und die Verbindung verlorengehen?

Hätte ich eine Geschichte geschrieben und mir ein Interieur vorgestellt, eine alte Mutter, einen abwesenden Sohn, ein Familienproblem – wäre es nicht möglich gewesen, daß ich mich die ganze Zeit, noch weiterhin, in eines anderen Leben herumgetrieben hätte? Während wir glauben, uns einen Charakter vorzustellen, kann es sein – so wunderbar sind die verschlungenen Pfade –, daß wir in Wirklichkeit ein tatsächlich existierendes Wesen interpretieren, das irgendwelche Gefühls- oder Seelenverwandtschaft mit uns in übersinnlichen Kontakt brachte.

Ich dachte einst angestrengt über einen Freund nach, wobei ich damals nicht wußte, wo er sich befand, und bald kam es mir vor, als wanderte ich durch die Nacht. Unweit von mir erhob sich die Sphinx und weiter weg eine undeutliche Pyramide. Monate später kehrte mein Freund nach Irland zurück. Ich fand heraus, daß er zur Zeit, als ich an ihn dachte, in Ägypten geweilt hatte. Er konnte sich nicht an das genaue Datum erinnern, hatte jedoch während seines Aufenthalts eine Nacht neben den großen Denkmälern verbracht. In meiner Vision sah ich ihn nicht, schien jedoch dort in der Nacht herumzuwandern. Weswegen änderte sich der Blickwinkel wie bei jemandem, der den Standort veränderte? Sah ich vielleicht durch seine Augen? Oder sah ich, wie im vorigen Fall, von seiner zu meiner Welt gespiegelte Bilder? Wo endet diese Vision? Welches sind ihre Grenzen? Würden wir, ganz wir selbst geworden, sein wie die Wesen der Apokalypse, voller Augen, innen und außen? Würden wir, auf der Höhe unserer Kräfte, durch viele Menschen und durch viele Stimmen hindurch sprechen? Waren Shakespeare und die großen Meister unbewußte Magier, blinde

Seher, die ein Leben, das sie nicht sehen konnten, erahnten und verstanden, oder die, falls sie ein Gesicht hatten, annahmen, es sei ihre eigene Schöpfung? Wir müssen uns diese Fragen stellen, denn wenn unsere Lampe entzündet ist, erkennen wir, daß im Haus unseres Daseins viele Gemächer sind und daß dort Wesen leben, die kommen und gehen, und wir müssen überlegen, ob sie das Recht haben, in unserem Haus zu sein; Korridore führen dort zu den Herzen anderer und Fenster gehen auf die Ewigkeit hinaus, und wir können kaum unterscheiden, wo unser eigenes Wesen endet und ein anderes anfängt, oder ob unser Wesen ein Ende hat. Wenn wir liebevoll über diese myriadenfache Einheit nachsinnen und dabei die von Buddha den Brüdern seines Ordens angegebene Meditation befolgen, um uns dazu zu bringen, durch unsere Gedanken- und Herzenskräfte die ganze weite Welt mit Liebe zu erfüllen, dann durchdringen wir immer stärker das Leben anderer oder werden davon durchdrungen. Wir werden von unbekannten Kameraden in vielen verschiedenen Stimmungen aufgesucht, deren Seele unverhüllt durch die unsrige zieht und die sich uns in einem unvergeßlichen Augenblick zu erkennen geben, worauf wir mit ihnen zu einem solchen Grad bekannt werden, wie wir es kaum mit unseren täglichen Kameraden sind, die unserem Herzen am nächsten stehen, die, wie auch immer vertraut, die Hülse des Körpers vor uns verbirgt. Wie das innere Leben an Reichtum zunimmt, erzeugen wir mehr dieser Verwandtschaften. Wir möchten gern herausbekommen, welche Beziehung mit ihnen rechterweise die unsere ist. Wirken wir auf sie durch ein ihnen unbekanntes Mitgefühl ein, so wie sie uns durch eine Offenbarung berühren, die wesentlicher ist, als die durch das gesprochene Wort zustande gekommene? Wir entdecken in uns einen neuen Sinn. Durch Seelenberührung verstehen wir. Wir erkennen, wie tiefgründig die alte Weisheit war, die besagte, daß wir, nach Vervollkommnung in der Konzentration durch tiefes Nachdenken, volles Verstehen von allem, was wir wollen, erlangen können.

Ich habe diese Vollkommenheit der Konzentration nie erreicht, erahnte aber deren Möglichkeiten in Augenblikken tief erfüllter Willensstärke, wenn ich aus dem Vergangenen Kenntnisse hochholte, die ich mir wünschte. Wie ist dieses Wissen möglich? Gibt es in uns einen Mittelpunkt, durch den alle Fäden des Universums laufen, ein spirituelles Partikel, das die geistigen Unendlichkeiten spiegelt, genauso wie das Auge ein Spiegel der Himmel draußen ist? Es ist keine Nadelspitze im sichtbaren Raum, die nicht einen Mikrokosmos von Himmel und Erde trägt. Das wissen wir, denn wir kommen nirgendwohin, wo das Auge nicht den Anblick der Unendlichkeit aufnimmt. Geschieht diese Verdichtung des Unendlichen zum winzigen Punkt nur in der sichtbaren Welt und nicht auch in der Seele und dann wieder im Geiste? Was würde die Seele im Zustand der Vollkommenheit spiegeln? Würde sie das abertausendfältige Leben der Menschheit zurückwerfen? Würde der Geist die Himmel spiegeln und die Imaginationen des göttlichen Gedankengrundes darinnen hochwallen, in mystischer und transzendenter Gedankenbildung? Oder spiegeln sie etwa schon je ihre eigene Welt, und ist alles Wissen bereits in uns drinnen, und ist unser Bedürfnis, abgesehen nach Weisheit, darauf ausgerichtet, Verbindungen zwischen den Teilen eines einzelnen Wesens zu schaffen, das von der Illusion so dramatisch auseinandergerissen wird wie die Seele im Traum? Verfolgen nicht das Bündeln des Willens und das leidenschaftliche Nachgrübeln genau dieses Ziel, und kommen die flüchtigen Blicke, die wir vom Übernatürlichen erhaschen, nicht nur durch das kurze Erheben eines Auges zustande, wodurch, wenn es gänzlich sehend geworden ist, wir Tote auferstehen werden?

Das Gedächtnis der Erde

Wir erleben das romantische Abenteuer und die freudige Spannung einer Reise auf unerforschten Meeren, wenn die Vorstellungskräfte von der albernen Meinung befreit werden, die in Tagtraum und Traum gesehenen Bilder seien nur eine umgemodelte Form der Erinnerung; indem wir die in Gesichten erschienen Formen bis zum Ursprung zurückverfolgen, entdecken wir ihre vielfältige Herkunft – wie, daß einige aus dem Denken anderer stammen und daß man von anderen geradezu vermuten muß, daß sie abgetrennte Teile der Erderinnerungen sind, auf die wir Zugriff haben. Wir entwickeln bald den Gedanken, daß unser Gedächtnis nur ein Teil jenes ewigen Gedächtnisses ist und daß wir während unserer Lebensspanne unzählige Erfahrungen sammeln, für ein mächtigeres Wesen als unser eigenes. Je kräftiger wir mit dem inneren Auge sehen, desto schneller kommen wir zu dieser Überzeugung. Jene, die verschwommen sehen, bescheiden sich mit verschwommenen Erklärungen, welche die, die klar sehen, sofort als unzureichend verwerfen. Wie läßt sich erklären, was vielen passiert ist, und oftmals auch mir, daß, wenn wir in uraltem Gemäuer oder alten Häusern sitzen, sich diese für uns noch einmal mit Leben füllen? In einer zerstörten Kapelle wartete ich auf einen Freund, und während ich dort weilte, erstand der Schein ihrer alten Verwendung sehr lebhaft vor mir. Vor dem Altar sah ich eine kleine Menschenmenge knien, aus der eine Frau in einem roten Gewand herausstach, sehr fromm und gefühlsmäßig gesammelt. Hinter ihnen, an die Wand gelehnt, stand ein Mann, als sei er zum Knien zu stolz. Ein alter Mann in kirchlichen Gewändern, ein Abt oder Bischof, stand aufrecht, den Stab in der einen Hand, während er die andere zum Segen erhob oder um seinen Worten Nachdruck zu verleihen. Hinter dem Kirchenmann trug ein Junge ein Gefäß, und das Gesicht des Halbwüchsigen war voller Dünkel wegen seiner eigenen Wichtigkeit. Ich sah dies alles plötzlich, als sei ich Zeitgenosse und um Jahrhunderte länger in der Welt. Ich konnte mich in Mutmaßungen ergehen über die gefühlsmäßige Hingabe der rotgekleideten Dame, die stolze Gleichgültigkeit des Mannes, der dastand, den Kopf nur leicht gesenkt, die Eitelkeit des Jungen, als Ministrant in der Zeremonie, genauso wie wir heute in einer Kirche die verschiedensten Stimmungen der Anwesenden auffangen können. Irgend etwas kann solche Bilder in lebhafter Beleuchtung vor uns zum Erstehen bringen, ein Satz in einem Buch, ein Wort oder die Berührung mit einem Gegenstand. Ich habe über die Rasenhügel gegrübelt, die alles sind, was von den Festungen noch übrig ist, worin unsere keltischen Vorfahren lebten, und sie bauten sich für mich wieder zusammen, so daß ich anschauen konnte, was anscheinend eine frühere Zivilisation war, sah die Menschen, bemerkte ihre Kleidung, die Farben Naturwolle, Safrangelb oder Blau und wie rauh sie war, genau wie unser eigenes Handgesponnenes; sogar solche Einzelheiten waren zu sehen, wie daß die Männer bei Tisch das Fleisch mit Messern zerschnitten und mit den Fingern zum Mund führten. Das ist nun nicht, und davon bin ich überzeugt, was man gemeinhin »Einbildung« nennt, ein innerer, schöpferischer Vorgang als Reaktion auf die natürliche Neugierde gegenüber vergangenen Zeitaltern. Es ist ein visueller Akt, das Wahrnehmen von bereits existierenden Bildern, hingehaucht auf ein ätherisches Medium, das sich in keiner Weise vom Träger unserer Erinnerungen unterscheidet; und das erneute Wahrnehmen eines Bildes in der Erinnerung, die persönlich ist, unterscheidet sich als übersinnlicher Vorgang keineswegs von der Wahrnehmung von Bildern in der Erderinnerung. Dieselbe Sehkraft wird auf Dinge derselben Wesensart und Substanz gerichtet. Nicht nur Felsblöcke und Ruinen stecken uns mit solchen Visionen an. Ein Wort in einem Buch bringt das auch fertig, wenn man sensibel ist. Ich suchte in einem klassischen Wörterbuch Auskunft über einen gewissen Mythos. Was mir sonst noch auf dieser Seite ins Auge fiel, vermöchte ich nicht mehr zu sagen, aber etwas bewirkte, daß zweitausend Jahre verschwanden. Eben sah ich mir den Garten eines Hauses in irgendeiner antiken Stadt an. Vom Haus kamen zwei Mädchen in den Garten geflattert, das eine in einem purpurnen, das andere in einem grünen Gewand, und rannten, vor Aufregung herumtanzend, zur Gartenmauer und guckten darüber nach rechts. Dort stieg eine Straße steil einen Hügel an, wo ein säulengeschmücktes Gebäude stand. Im blendenden Sonnenlicht konnte ich eine sich die Straße herunterschlängelnde Menschenmenge erkennen, die sich auf das Haus zubewegte, und die beiden Mädchen waren so aus dem Häuschen, wie es heutzutage Mädchen sein dürften, wenn König und Königin in ihrer Stadt Einzug halten. Das sofortige Entstehen von Bildern nach einem flüchtigen Blick auf eine Buchseite kann nicht als das Umarbeiten von Bildern aus dem Gedächtnis erklärt werden. Die Zeit, die vom Schließen des Buches bis zur Erscheinung im Gehirn verstrich, betrug eine Viertelminute oder weniger. Man kann nur vermuten, daß Bilder, so leuchtend bunt, so voller Bewegung und Lebhaftigkeit wie die lebenden Bilder in den Theatern, keine augenblickliche Schöpfung eines Zauberkünstlers in uns waren, sondern aus einem ausgedehnteren Gedächtnis als dem persönlichen abgerufen wurden, daß die griechischen Namen, die mir aufgefallen waren, die Kraft von Symbolen besaßen, die das ihnen Wesensverwandte anzogen, und daß das Bild der aufgeregten Mädchen und der glänzenden Prozession auf irgendeine Art, wie weiß ich nicht, mit dem, was ich gelesen hatte, verbunden war. Wir können das Entstehen dieser Bilder nicht mit ein paar unbestimmten Phrasen über »Suggestivwirkung« oder »Phantasie« links liegenlassen, und uns vor weiteren Untersuchungen drücken. Hätte vor fünfundzwanzig Jahren ein Mensch mit den physischen Augen ein geflügeltes Luftschiff mitten in den Wolken gesehen, wäre er in einen Strudel von Spekulationen und Fragestellungen geraten. Wäre dasselbe Bild jedoch nur im Kopf erschienen, hätte man es schnellstens als »bloße Phantasie« begraben. Kein Gedanke wäre daran verschwendet worden, auch wenn das, was in uns erscheint, ebensowohl für wichtiger gehalten werden könnte, als was um uns herum vorgeht. Jede Schattierung, jeder Farbton, jedes Licht oder jeder Schatten auf einem inneren Bild muß ebenso einen plausiblen Grund haben wie die Drähte, Tragflächen, Maschinen und Propeller eines Flugzeuges. Wir kommen nicht umhin, wenn das Bild klar und genau ist, auf ein Original zu schließen, wovon dies die Spiegelung ist. Woher und aus welcher Zeit stammen die Originalbilder, die wir in Traum und Träumerei sehen? Es muß Originale geben; und wenn wir gezwungenermaßen jeden Prozeß als undenkbar aufgeben, wodurch unsere persönlichen Erinnerungsbilder unbewußt in neue umgestaltet werden könnten, die als glaubwürdige Kopie der Originale erscheinen, die sich bewegen, Licht, Farbe, Form, Schatten besitzen, wie sie die Natur vergeben würde, dann müssen wir wohl glauben, daß die Erinnerung ein charakteristischer Bestandteil aller Lebewesen ist und ebenso der Erde, des größten bekannten lebenden Organismus, und daß sie ihre ganze lange Geschichte, die uns zugänglich ist, mit sich herumträgt; Städte, die längst untergegangen sind, Weltreiche, die zu Staub geworden oder die zusammen mit versunkenen Kontinenten unter den Wassern begraben liegen. Die Herrlichkeit, wofür Menschen ihr Leben ließen, erstrahlt noch immer; Helena ist da in ihrem Troja, Deirdre trägt ihre Schönheit zur Schau, die dem roten Zweig Verderben brachte. Keine alte Überlieferung ist je zugrunde gegangen. Die Erde bewahrt für sich und ihre Kinder, was diese voller Leidenschaft zerstört haben mögen, und es lebt fort im Reich des Ewiglebenden, so daß es der mystische Abenteurer sehen kann. Wir vertreten den Standpunkt, daß dieses Gedächtnis universal sein muß, denn es gibt keinen erreichbaren Fleck, wo die Erde nicht Bruchstücke ihrer uralten Geschichte dem sinnenden Geist zuflüstert. Diese Erinnerungen vergolden die Wüstenluft, wo einstmals die stolzen, bronzefarbenen Rassen wohnten und wieder verschwanden, und sie gehen um an den Felsen und Bergen, wo die Druiden ihre Himmels- und Unterweltgötter anriefen. Die Gesetzmäßigkeit, wodurch diese Geschichte uns zugänglich gemacht wird, scheint dieselbe zu sein, die das von uns Gelernte uns schnellstens zur Verfügung stellt. Nehmen wir Gedanken oder Gespräch über ein Thema auf, merken wir bald, wie uns gebrauchsfertige Erinnerung zuströmt. Alles in uns, das durch Wesensverwandtschaft mit dem Hauptgedanken verbunden ist, scheint in Bereitschaft gesetzt zu werden; und in der

Meditation finden wir, daß alle jene fremdartigen Bilder, die wir sehen, nicht die Bilder aus dem Gedächtnis, sondern unbekannte Landschaften, Städte, Wesen und Ereignisse, wenn wir sie sorgsam untersuchen, irgendwie mit unserer Gemütslage in Beziehung stehen. Ist unser Wille mächtig genug, und haben wir durch Konzentration und Durchhaltekräfte das Gehirn zum Leuchten gebracht, können wir aus dem Erdengedächtnis Bilder, von allem, was wir wünschen, abrufen. Die Erdenerinnerungen erreichen uns auf verschiedenen Wegen. Sind wir passiv und wird das ätherische Medium, der Träger solcher Bilder, nicht von Gedanken durchlöchert, ist es wie klares Glas oder stilles Wasser, dann erscheint darauf oft ein Spiel von Farbe und Form, was eine mit unserem Ort verbundene Spiegelung einer Erderinnerung sein kann, oder es ist auch möglich, daß wir eine direkte Vision dieser Erinnerung empfangen. Die Meditation wiederum ruft Bildnisse und Bilder hervor, die ihrem Thema und unserer Stimmung ähnlich sind und als Illustration dazu dienen. Einst, als ich das Spiel geheimer Kräfte im Körper überdachte, erschien vor mir ein Buch, mit einem farbigen Symbol auf jeder Seite. Ich erkannte, daß es ein magisches war, denn unter meinem Blick verschwand eins der Symbole von der Seite und wurde durch die Umrisse eines menschlichen Körpers ersetzt, worauf dieser einer inneren Offenbarung davon Platz machte: Kräfte leuchteten auf, Feuer blitzten rosenfarben, golden, himmelblau und silbern das Rückgrat entlang, strömten ins Gehirn hoch, wo sie auf eine kleine Kugel mit einer Leuchtkraft wie von weißem Sonnenfeuer stießen, und daraus heraus brachen sie wieder hervor, in einer pulsierenden Bewegung, wie von Schwingen, zu beiden Seiten des Hauptes; dann wurde die Buchseite wieder dunkel und die Abfolge schloß mit dem Stab des Merkur und enthielt nun wieder nur mehr ein Symbol.

Solche Bilder steigen ohne bewußte Willensanstrengung auf, werden jedoch deutlich davon hervorgerufen. Schließlich, aber seltener für mich, da die benötigte dynamische Willensintensität schwierig zu erlangen war, gelang es mir zuweilen willentlich, aus dem Gedächtnis der Natur Bilder von Personen oder Dingen aus längst vergangenen Zeiten hochzuholen, die ich jedoch kennenlernen wollte. Heute bedauere ich, daß ich, als ich jung und meine Energie unverbraucht war, diese Kunst des Abrufens nicht öfter ausübte, hinsichtlich solcher Dinge, deren Beherrschung sich spirituell gelohnt haben könnte; aber ich war wie ein Kind, das eine ganze Garnitur neuer Spielsachen entdeckt und mit einem nach dem andern spielt – ich war an allem, was auf mich zukam, interessiert und gab mich nur zu oft damit zufrieden, der Diener meiner Vision und nicht ihr Herr zu sein. Für einen, der in einem kleinen Landstädtchen in Irland geboren worden war, bedeutete es ein spirituelles Abenteuer zu merken, wie sich der Kreis der Existenz zu weiten begann, so daß sich das Leben zu einem Paradies herrlicher Erinnerungen auszubreiten schien, in vergangene Zeitalter hinaufreichte und sich mit dem ewigen Bewußtsein der Erde vermischte; und wenn wir dann auf etwas Neues stoßen, halten wir inne, um es zu betrachten und eilen nicht ans Ende der Reise. Die hier aufgeführten Beispiele von Erdenerinnerungen sind an sich unbedeutend und werden nicht gewählt, weil sie in irgendeiner Weise großartig wären, sondern eher, weil sie dem gleichen, was viele Leute sehen, und so werden diese meinen Ausführungen bereitwilliger folgen. Die Tatsache, daß die Erde solche

Erinnerungen bewahrt, ist in sich bedeutsam, denn haben wir einmal diese unvergängliche Schreibtafel entdeckt, liegt die Spekulation nahe, ob in der Zukunft die Schulung zum Seher nicht zu einer Revolution im menschlichen Wissen führen dürfte. Es ist dies eine Welt, worin wir uns leicht verirren und Stunden in vergeblicher Träumerei vergeuden können, ohne mehr Gewinn davon zu haben, als wenn wir stundenlang in den Staub starrten. Für jene, vor denen in ihrer spirituellen Entwicklung diese Erscheinungen erstehen, möchte ich sagen: Suchen Sie nach den größten Erdenerinnerungen und rufen Sie diese hervor, nicht jene Dinge, die nur Neugierde befriedigen, sondern die, die erheben und begeistern und uns eine Vorstellung unserer eigenen Größe geben. Die edelste aller Erdenerinnerungen ist das erlauchte Ritual der alten Mysterien, worin der Sterbliche, in feierlichen Auftritten unbeschreiblicher Größe, seiner Sterblichkeit entkleidet und in die Gesellschaft der Götter aufgenommen wurde.

Imagination

In allem, wovon ich bis jetzt berichtete, ist die Vorstellungskraft nicht vorgekommen, sondern nur das Sehvermögen. Diese beiden werden zu oft als identisch behandelt, aber in meinen Ausführungen habe ich versucht, den Unterschied klar zu machen. Sehe ich durchs Fenster, wie sich durch die vielfaltigen Hügel ein vor lauter Licht hell blitzender Fluß schlängelt, spricht niemand vom Gesehenen als von etwas Vorgestelltem, und sehe ich aus dem Seelenfenster und nehme mehr Wunder aus Lichterglanz und Schatten wahr, ist das genausowenig ein Akt der Vorstellungskraft, welche in der Tat höher einzustufen und sehr viel seltener ist als das bloße Sehvermögen; denn im Vorstellungsakt wird offenbar, was verborgen ist im Sein, wie der Sohn im Schoße des Vaters, und eine Wandlung vollzieht sich, wie jene, von der wir uns ausmalen, daß sie sich im Geist vollzog, als dieser durch Willenskraft erzwang: »Es werde Licht«. »Vorstellen« bedeutet nicht, etwas sehen, was es bereits gibt, das durch den Wahrnehmungsakt in sich nicht verändert werden darf, sondern in der Imagination wird verwirklicht, was der Anlage oder dem Wesen nach existiert, und es erhält im Gedanken eine Form, so daß wir das, was bis dahin verborgen oder nur intuitiv erfaßbar war, mit vollem Bewußtsein betrachten können. Im Vorstellen geschieht eine Offenbarung von Ich zu Ich und eine eindeutige Wesensveränderung, wie das bei einem Gas der Fall ist, wenn es ein Funke entzündet und es in der Luft in einer Stichflamme aufgeht. Hier treten Bilder ins Bewußtsein, die wir eindeutig einem inneren Schöpfer zuschreiben dürfen, der die Macht besitzt, von bestehenden Formen Gebrauch zu machen oder sie umzuformen und ihnen Leben, Bewegung und Stimme zu verleihen. Wir folgern dies, weil Traum und Vision Symbolcharakter und eine für uns persönliche Bedeutung annehmen. Sie sagen uns deutlich: »Allein für Dich sind wir«, und wir können uns nicht vorstellen, daß das Geschehene das Leben in irgendeiner anderen Welt widerspiegelt. Beim Erforschen der Herkunft der symbolischen Vision nähern wir uns der verhüllten Hoheit, die wir in den Tiefen unseres Seins erahnen und die gewöhnlich in Intuition und Gewissen zu uns spricht, jetzt jedoch in ihren Kundgebungen ihre Handschrift zeigt, genauso wie der Künstler in seinem Werk. Ich hatte als Junge, zu Anfang meiner geistigen Reisen, ein lustiges Erlebnis, als ich zwar keinen weißen Elefanten, sondern eine symbolische Vision auf meinem Weg antraf. Irgendwo hatte ich von einem gelesen, dessen Träume, Nacht für Nacht, eine fortlaufende Geschichte bildeten, und in meiner Begeisterung darüber fragte ich mich, ob nicht auch ich für mich ein Leben in einem selbstgeschaffenen Märchenland, wo ich im Traum der Herrscher wäre, zusammenbasteln und den täglichen Kleinkram mit der Herrlichkeit eines Reiches, in dem ich König wäre, wettmachen könnte. Voller Eifer machte ich mich daran und wanderte nachts, in der Dunkelheit, auf den Landstraßen herum und baute in der Phantasie das Land der Träume zusammen. Ich erinnere mich an einige meiner prachtvollsten Träumereien. Meine Traumwelt leuchtete aus sich heraus. Alles dort brachte beim Morgengrauen Licht hervor und verblaßte zu gefärbtem Dämmer bei Anbruch der Nacht, und wenn ich in der Dunkelheit über meine Rasenflächen schritt, erwachte das von meinen Füßen gestreifte Gras zu lebhaften Farben und schimmerte hinter mir her wie ein Schweif aus grünem Feuer; oder wurde ein Vogel nachts in meinen schattigen Wäldern aufgescheucht, verwandelte er sich in ein geflügeltes Juwel aus Blau, Rosenfarben, Gold und Weiß, und die Blätter, die seine Schwingen berührten, loderten auf in smaragdgrünen Flammenflocken; und dort wohnten Schwärme wilder Vögel, die mein Ruf herbrachte, damit sie mit ihrem Glitzergefieder die ungeheure Dunkelheit des Himmels erleuchteten. Ich hatte noch viel mehr solcher Traumvorstellungen, die ich vergessen habe, und einige waren Intuitionen vom Vielfarbenen Land. Als ich diese Welt ausgedacht hatte, brachte ich sie eines Nachts dazu, unter Aufbietung all meiner Willenskräfte, meine Wohnung im Traum zu werden. Von all meinen Träumen erinnere ich mich jedoch nur an zwei. Im ersten sah ich eine farblose Wolkenmasse, worauf zuoberst ein Äffchen saß, das nach der nebligen Substanz griff und daran herumfingerte, wobei es versuchte, sie in eine Form zu bringen. Von seiner Beschäftigung blickte es ab und zu nach etwas, das jenseits und unter den Wolken lag, und ich trat im Traum näher und sah, daß das, was der Affe beobachtete, unsere Erde war, die sich im Weltraum unten schnell drehte; er versuchte, eine Kugel aus dem Nebel zu kneten, das nachäffend, was an ihm vorbeijagte. Während ich gespannt zuguckte, wandte sich der wunderliche Bildhauer plötzlich um und schaute mich mit einer sonderbaren Grimasse an, die deutlicher als Worte besagte: »Genau das versuchst du zu tun«, und dann wurde ich wieder hinweggewirbelt, und ich war das winzigste Figürchen im unermeßlichen Luftraum, und vor mir erhob sich ein riesenhaftes Tor, das so hoch schien wie das Himmelszelt, und eine schattenhafte Gestalt füllte den Eingang aus und versperrte mir den Weg. Das ist alles, woran ich mich erinnern kann; Träume dieser Art bringen mich zum Schluß, daß sich in uns ein Schöpfer solcher Träume befindet, denn ich kann doch nun wirklich nicht annehmen, daß irgendwo in Raum und Zeit ein Äffchen auf einer Wolke saß und versuchte, diesem Planetenform zu verleihen. Der Schöpfer dieser Vision war ein Seher mit Einblick in mein Bewußtsein im Wachen und im Schlafen, denn was ich von diesem Traumgesicht erinnere, war eine Mischung, halb Verspottung meiner Bemühung, halb Warnung vor der Widernatürlichkeit meines Ehrgeizes. Der Schöpfer dieser Vision vermochte Formen zu kombinieren und sie mit Bewegung und Leben zu erfüllen, denn dieses Gesicht sprach die Verstandeskräfte an und durchdrang mich mit seiner Bedeutung. Ist es vernünftig, so viel als erwiesen vorauszusetzen oder anzunehmen, daß die Vision einen bestimmten Wesenszug ihres Erzeugers verriet und daß diesem Ironie, ja sogar Humor, nicht fremd waren? Ich bin eher dankbar, daß ich solches von einem Ich annehmen darf, das sonst so viele unserer Träume und Freuden abschmettert und uns in gewissen Stimmungen so weit entfernt vom Normalen vorkommt und so schrecklich, wie der Engel mit dem Flammenschwert, das alles rundum abwehrt, um den Baum des Lebens zu hüten. In diesem Traum tat ein Ich, weiter oben im bis zum Himmel reichenden Turm unseres Wesens, seine Gedanken in objektiver Weise kund. Es gab jedoch Augenblicke, in denen es selbst herunterzusteigen schien, wobei es die Erinnerungen an den Himmel wie ein Tuch um sich schlug, um im Körper zu wohnen, und ich erkannte es als wahreres Ich als jenes, das im Schoße meiner Mutter seinen Anfang nahm, und auch, daß es früher entstanden war als alles, was auf dieser Welt einen Körper besitzt. An diesem Punkt muß ich auf die Imaginationen zurückkommen, die ich als Junge erlebte, während ich die Landstraße entlangwanderte, und daraus, wie ich es bei den Visionen getan habe, eine Wahl treffen, in die der Verstand einhaken kann. Das ist nicht so einfach, denn bei göttlicher Heimsuchung ist der Sterbliche vor lauter Herrlichkeit völlig geblendet, und in der feurigen Verbindung mit dem Geist fühlt sich der Verstand unterlegen und verwirrt, oder er legt ein zu schwaches Netz aus, um den Leviathan zu fangen, denn oft können wir nachher nicht einmal mehr uns selbst in Erinnerung rufen, was der Geist sprach, obwohl jeder Sinn darauf erpicht ist, zusammenzuklauben, was die Erscheinung zurückläßt, wie der Pöbel in den morgenländischen Märchen, der sich um das Geld rauft, womit beim Vorbeiziehen des Königs die Menge überschüttet wurde. Als ich siebzehn oder achtzehn war, fing mein Gehirn mit leuchtenden Bildern zu flimmern an. Ich versuchte sie zu malen und begann mit viel Schwung eine Bilderserie, die die Geschichte des Menschen illustrieren sollte, von der Geburt im göttlichen Gedankengrund, wo er zuerst in der Finsternis des Chaos in unbestimmten, ungeheuerlichen Formen dahinglomm, dann dem Menschlichen über Tier- und Vogelmenschen immer näherkam, bis endlich die vollkommenste Form, die göttliche Idee des Menschen, in den Raum hineingeboren wurde. Ich ging ihrem Abstieg in die Materie nach, ihrem Zusammenstoß mit den Elementen, und die Reihe schloß sich mit einer pessimistischen Phantasie, in der einer unserer Nachkommen, Jahrmillionen später, als winziger Philosoph, ein Geschöpfchen, keine zehn Zentimeter groß, auf einem unserer Riesenschädel sitzt und zusieht, wie die Himmel in ihr ursprüngliches Chaos zurücksinken und die Sterne von ihren hohen Thronen fallen. Die meisten dieser Bilder waren nur Phantasierereien eines Jungen, aber indem ich mich in eins der Reihe versenkte, begann ich mich im Gleichklang mit einem tieferen Bewußtsein zu fühlen, und zu diesem Zeitpunkt versuchte ich mir vorzustellen, wie die Idee des himmlischen Menschen im göttlichen Gedankengrund auftauchte. Etwas unendlich Altes, Ewiges schien meine Phantasien zu durchatmen. Damals machte mich mein Gefühlsüberschwang gegenüber den Schwächen der Bilder blind, ich fühlte mich jedoch auf außergewöhnliche Art vom Geschaffenen erregt und lag, bis tief in die Nacht darüber nachgrübelnd, wach. Ich fragte mich, was ich als Titel unter die Bilderserie setzen sollte, und mir war wie einem in einem dunklen Zimmer, der die Atemzüge eines anderen Wesens hört und selbst atemlos auf dessen Äußerung wartet, wobei ich mich abmühte zu verstehen, was gesprochen werden wollte, und endlich, bei unnatürlich geweiteten und angespannten Sinnen, flüsterte etwas mir zu: »Nenn sie die Geburt Aeons.« Das Wort »Aeon« durchfuhr mich bis ins Innerste, denn es schien durch Ideenverbindungen uralte Stimmungen und Erinnerungen hochzubringen, aus einer Urform des Lebens, worin sie verborgen lagen; und ich glaube am nächsten Tag nahm in mir, der ich mich noch immer gedankenverloren an das Wort klammerte wie ein Liebender an den Namen der Geliebten, ein Mythos Gestalt an, die Geschichte Aeons, der als einer der ersten, sternstrahlend, aus der Gottheit heraustrat und in den höchsten Himmeln eine hervorragende Stellung einnahm, so nahe dem Göttlichen und so hoch an Ehren, daß er selbst nicht geringer sein wollte als ein Gott und keine Herrschaft als das Gesetz seines eigenen Willens über sich duldete. Dieser

Aeon aus meiner Phantasie erhob sich wider den Himmel, verließ dessen Hallen und stieg in die Tiefen, wo er sich im Chaos widerspiegelte und aus den wilden Elementen eine Wohnung für seinen Geist zusammenfügte. Diese Wohnung nahm in mir Form an, als ich als Junge auf den Landstraßen der Grafschaft Armagh herumwanderte. Nach vierzehn Tagen kehrte ich nach Dublin zurück, und ein oder zwei Tage danach ging ich zur Bibliothek im Leinster House und verlangte eine Kunstzeitschrift. Ich stand bei einem Lesetisch, während der Angestellte den Band heraussuchte. Dort lag ein aufgeschlagenes Buch. Meine Augen kamen darauf zu ruhen. Es war, glaube ich, ein Lexikon der Religionen, denn das erste Wort, das mir auffiel, war »Aeon«, und es wurde als ein von den Gnostikern benütztes Wort definiert, das die ersterschaffenen Wesen bezeichnete. Ein Zittern durchlief meinen Körper. Damals wußte ich nichts von mystischer Literatur und kannte, von Jungengeschichten abgesehen, überhaupt wenig, und die Bilder der kreativen Vorstellungskraft, die auf mich einzustürmen begonnen hatten, waren damals für mich nichts weiter als einfach Einbildungen persönlicher Art und in meinem Kopf weder mit Wahrheitsfindung noch der Idee verbunden, daß Imagination Wahrheit erfassen könne. Ich zitterte, weil ich sicher war, niemals zuvor das Wort gehört zu haben, und plötzlich kam mir der Gedanke an Präexistenz in den Sinn und daß dies eine Erinnerung aus der Vergangenheit sei. Ich entfernte mich rasch, um mit meinen Gedanken allein zu sein, aber bald darauf trieben sie mich wieder zurück, und ich fragte den Bibliothekar, wer die Gnostiker seien und ob es ein Buch gäbe mit der Darstellung ihrer Ideen. Er verwies mich auf einen Band von Neanders *Kirchengeschichte* und dort, im Abschnitt über die Sabäer, fand ich den Mythos des stolzen Aeon, der sich im Chaos spiegelte und Herr unserer Welt wurde. Damals glaubte ich, und ich glaube es noch immer, daß das Unsterbliche in uns all seine Weisheit im Gedächtnis bewahrt hat oder, wie Keats in einem seiner Briefe formuliert, daß im Menschen ein Urwissen lebt, und daß wir, wenn wir wollen, diesen alten Wein trinken können. Die Erinnerung an den Geist ist die wirkliche Grundlage der Vorstellungskräfte, und wenn sie zu uns spricht, fühlen wir uns wahrhaftig inspiriert, und ein mächtigeres Wesen als wir selbst redet aus uns. Ich erinnere mich, wie rein, heilig und schön mir diese Imaginationen vorkamen, wie sie wie kristallenes Wasser aufsprudelten und die trüben Strömungen meines Lebens hinwegspülten, und an das Erstaunen, das mich erfüllte, als ich, der ich mich kaum ausdrücken konnte, Sätze, die mich edel und melodisch dünkten, in meinem Gehirn hallen hörte, als hätte sie ein anderer und Größerer als ich gesprochen; aber auch, wie seltsam es mich ein Weilchen später ankam, mühelos Gedichte zu schreiben, von denen einige Menschen noch immer finden, daß sie schön sind, während ich doch, da mein Verstand damals keine Herrschaft über das Gedankenmaterial besaß, praktisch keinen intelligenten Prosasatz zustande brachte. Ich bin davon überzeugt, daß, wie Emerson sagt, alle Dichtung zuerst im Himmel geschrieben wird, d. h. sie wird von einem Ich ersonnen, das unergründlicher ist, als es im gewöhnlichen Leben erscheint, und wenn es zu uns spricht, oder uns seine uralte Geschichte erzählt, kosten wir von der Ewigkeit und trinken Soma, das Elixier der Unsterblichkeit.

Träume

Durch Träume wie vom satirischen Affen hatte ich entdeckt, daß es einen gibt, der wacht, während der Körper schläft; andere Träume veranlassen mich zur Annahme, daß mitten im tiefen Schlaf ein mit Verstand begabtes Wesen in seiner eigenen Welt lebt und webt und sich transzendierender Kräfte bedient. Die meisten Träume, an die wir uns erinnern, sind ein totales Durcheinander, und es scheint, daß der Zufall, der unser Erwachen auslöst, oft ihre Eigenart bestimmt. Chaotisch wie sie sind, stecken sie voller Zeichen und Wunder, denn in Sekundenschnelle, fast ehe eine Stimme an des Schläfers Ohr gedrungen oder eine Hand ihn berührt hat, schlägt ein magischer Ingenieur eine Brücke aus phantastischen Geschehnissen, worüber der Menschengeist aus dem tief in sich ruhenden Sein in das Sein in der Außenwelt hinüberjagt. Im Wachen könnten wir niemals in eine Sekunde lebhaften Sichvorstellens die Myriaden von Ereignissen hineinpacken, die der Traummechaniker zu schaffen vermag, um uns vom Sein, an das wir uns nicht erinnern, in den Traum des Lebens zurückzuholen. Diese wunderbare schöpferische Geschwindigkeit im Traum ist von vielen bemerkt worden, und sogar jene, die die schlimmsten Alpträume vor dem Erwachen erlebten, müssen zum Schluß gekommen sein, daß in der Leere, die wir »Schlaf« nennen, ein Bewußtsein in unermüdlicher Wachsamkeit sitzt und daß dieses Wesen, das kein Auge zutut, während der Körper schläft, uns zu ebenso leidenschaftlicher Wißbegierde hinreißt, wie sie je einen Abenteurer auf unerforschte Meere hinausgetrieben hat. Die alten Seher sahen Erd-, Mittel- und Himmelswelt als Synonyme für die drei Bewußtseinszustände der Seele, Wachen, Träumen und Tiefschlaf. Aber der Traumzustand der Seele, die sich in der genannten Mittelwelt bewegt, ist ein mit Verstandeskräften begabter, und seine Eigentümlichkeit ist nicht leicht aus dem Durcheinander von Phantasiebildern zu erschließen, woran wir uns gewöhnlich erinnern und das wir »Träume« nennen. Ich halte sie nicht einmal für wahre Träume, sondern eher für ein Übergangsstadium im Grenzgebiet, ähnlich dem Schaum an den Rändern der Meere, wo Luftböen sind, wo Sand, Wasser und Algen durcheinanderwirbeln, während weiter draußen unvermischt die See liegt. Ich hatte nur wenig Erfahrung mit jenem angehobenen Leben im Traum, das für andere, wie ich weiß, das wahrere bedeutet als dasjenige im Wachen. Aber niemand kann wirklich von den Träumen und Vorstellungen anderer sprechen, sondern nur davon, was er selbst erfahren hat.

Ich glaube, in der intensivsten Meditation dringen wir zu jenem Zustand vor, der für das wache Gehirn vom Schlaf verhüllt und für gewöhnlich ein weißer Fleck ist, denn in den höchsten Träumen, die ich in Erinnerung behalten habe, befand ich mich auf derselben Seinsebene wie jener, die man auf dem Meditationshöhepunkt erreicht, und nahm Ähnliches wahr. Der schwarze Vorhang der Bewußtlosigkeit, welcher im Schlaf die Gehirnkammern verhängt, wurde einstmals für mich auf einen Augenblick auf wunderbare Weise gehoben, und ich erhaschte einen Blick auf die hohen Abenteuer der niemals schlafenden Seele. Ich spürte, wie ich in einem Körper, der leichter als Luft und mit Kraft geladen war, auf der leuchtenden Nacht dahintrieb und über einer gebirgigen

Gegend schwebte. Unter mir lag geknitterte Dämmerung, wie der Krater eines riesigen Vulkans. Mit mir waren noch andere, Menschen mit luftigen, schimmernden Körpern, alle wie ich auf ein Wesen ausgerichtet, das mächtiger war als das unsrige. Ein Atemstoß voll Energie schoß von unten hoch wie von einem Springbrunnen oder als ob von dort ein Sternenstrom zum Land der Sterne flösse. Wir blieben über dem Brunnen, dem der unsichtbare Atem entströmte, der uns mit Wonnegefühl und Kraft erfüllte. Während wir mit gespannter Aufmerksamkeit in der Luft hingen, tauchte eine riesenhafte, glänzende Lichtkugel auf, wie der Strahlenschein um einen Gott, und von den Schimmernden stürzten sich einige in diese Welt des Lichtes und wurden davon aufgenommen: und sie schwand von uns hinweg, fiel zurück, als wäre sie eine lebendige Galeone, die nur für einen Augenblick im Diesseitigen auftauchte, um jene mitzunehmen, die in die Himmelswelt eingehen wollten, um Teil der göttlichen Natur zu werden und in der Urflamme zu weilen. Ich konnte nicht mit diesem Charon übersetzen und erinnere mich an nichts mehr weiter, denn der Vorhang, der sich wunderbarerweise gehoben hatte, senkte sich wieder über die Kammern des Gehirns. Beim Aufwachen murmelte ich jedoch, wie zur Interpretation, die Worte des Apostels: »Nun aber spiegelt sich in uns allen des Herrn Klarheit mit aufgedecktem Angesicht, und wir werden verklärt in dasselbe Bild von einer Klarheit zu der anderen, als vom Herrn, der der Geist ist.« Und ich wußte, daß viele, die diesem Mysterium beigewohnt hatten, wieder erwachen würden, als Ausgestoßene des Himmels, und der Gott dieser Welt würde die Erinnerung löschen, damit ihnen niemals bewußt werde, daß sie ein Stelldichein mit den Kabiren erlebt hatten.

Einst vorher, nicht im Traum, sondern in der Meditation, war von den geheimen Orten ein solches Licht über mich hereingebrochen, und ich sah durch die Erde hindurch, wie durch ein Transparent, in eines dieser Kraftzentren hinein, »Fontänen aus Hekate«, wie sie in den chaldäischen Orakeln genannt werden, die im Organismus der Erde liegen, genau wie in uns feurige, von keinem Anatom entdeckte Zentren sind, wo der Gedanke entsteht und der Wille in einer Flamme hochlodert. Und damals, und im eben erzählten Traum, und in jener anderen Vision der himmlischen Stadt, wo ich mich unter den Schimmernden wiederfand, schien wenig an persönlicher Vorstellung, wie beim Traum vom Affen, enthalten, aber mich dünkte, ich bewegte mich in einer Wirklichkeit, worin sich auch schon andere bewegten und welche vielleicht die Welt war, die auch jener Geograph des Geistigen kannte, der Sokrates versicherte, daß über der unsrigen eine vielfarbene Erde schwebte, mit Tempeln, worin die Götter wahrhaft wohnen. Ich möchte nun nicht darauf herumreiten, sondern nur die Schlüsse ziehen, die jeder Psychologe, der Träume analysiert, aus Träumen nicht mystischen Charakters auch folgern könnte. Ich kann mich in meiner Traumwahrnehmung mit einem Menschen in einem dunklen Saal vergleichen, einem Saal, so vollständig licht- und geräuschlos, daß nichts zu ihm hineindringt; und dann wird plötzlich die Tür aufgerissen, und er sieht eine Menge vorbeihasten, worauf das Tor geschlossen wird und er wieder im Dunkeln sitzt. Ein solcher Mensch, der von der Tür aus Leute auf der Straße vorbeigehen sieht, weiß, daß sie ihr Leben leben, bevor sie zu der Tür kamen und nachdem sie daran vorbeigegangen sind; er ist kein Narr, wenn er sich darüber Gedanken macht und überlegt, wie sie sich versammelten und zu welchem Zweck. So bin ich, glaube ich, zu der Annahme berechtigt, daß meinem Bewußtseinsaugenblick übersinnliches Handeln vorausgegangen war. Ich muß vernünftigte Gründe für Ereignisse finden, die logisch strukturiert und zusammenhängend sind. Ich kann nicht als bewiesen betrachten, daß der plötzliche Bewußtseinszustand während des Schwebens in der Luft eindeutig der Anfang dieser Episode war, ebensowenig wie ich mir das plötzliche Erscheinen einer Blüte ohne Pflanze, Wurzel oder vorangegangenes Wachstum vorstellen kann; noch vermag ich zu glauben, daß blinde Abläufe im Gehirn, ohne daß registriert wird, worauf sie abzielen, plötzlich in ein strahlendes Bewußtsein voller phantastischer Schönheit ausbrechen. Diese Annahme wäre eine Entgleisung in der Argumentation. Ebenso weise wäre die Erwartung, daß ich, wenn ich im Dunkeln die Abc-Klötze meines Söhnchens blindlings verstreue, nach dem Anzünden des Lichtes damit rechnen könnte, daß sie sich zu einem geschliffenen Satz gefügt hätten. Ich kann durchaus alle beide von zwei Möglichkeiten betrachten, die eine, daß der Traum nur ein selbstgeschaffenes Phantasiegebilde war, die andere, daß er ein Erlebnis der Seele, aus einem realen Seinsbereich, im Gehirn widerspiegelte. Ob wir jedoch das eine oder das andere annehmen, wir setzen in uns ein niemals schlafendes Bewußtsein bei schlafendem Gehirn voraus; und dieses nimmermüde Wesen ist entweder der Schöpfer des Traums oder der Handelnde in einer wirklichen Begebenheit. Wer ist dieses niemals ruhende Wesen? Ist es dasselbe, das täglich unser Gehirn bewohnt? Erhebt es sich, wenn der Körper auf das Lager sinkt? Führt es ein Doppelleben, wie wir im Wachen, wenn die eine Hälfte des Bewußtseines sich aufs Äußere richtet und die andere aus subjektiven Gefühlen und Gedanken besteht? Besteht ein Teil unserer Träume aus inneren Phantasien und ein anderer aus Wahrnehmungen einer äußeren Seinswelt? Nehme ich an, daß die Seele ein Handelnder in einem wirklichen, im Gehirn widergespiegelten Geschehen ist, weswegen erinnere ich mich dann nur an einen Augenblick des Abenteuers? Ein Wesen sehen bedeutet, daß wir uns auf derselben Ebene befinden. Ich sehe Sie, die Sie im physischen Körper stecken, weil auch ich im Körper lebe. Sehe ich ein Elementar- oder ein himmlisches Wesen, heißt das, daß ein Teil von mir sich auf derselben Ebene des Seins oder der Wesenheit befindet. Hatte ich etwa durch Meditation und Konzentration ein Element in mir entwickelt, ähnlich demjenigen, das der mystische Brunnen in die Höhe atmete, und entstand beim Einatmen dieser feurigen Essenz eine Beziehung zwischen der freien Seele und dem schlafenden Körper, wobei sich der Kreislauf schloß und Schlaf und Nichtschlaf in eins zusammenfielen? Auf Grund dieser Hypothese gehören Wanderungen der Seele vor und nach dem erinnerten Augenblick dazu, aber an die Handlungen davor und danach konnte ich mich nicht erinnern, denn zu dem Zeitpunkt befand sich im Gehirn nichts, was der Stimmung oder der Tat der niemals schlafenden Seele verwandt gewesen wäre. Wenn die Seele ein Handelnder im Tiefschlaf ist, der sieht, hört und sich in einer Welt der wirklichen Energie bewegt, dann können wir mit Recht auf einen übersinnlichen Körper im Physischen schließen, denn Sehen, Hören, Bewegen sind Funktionen eines, wie auch immer ätherischen, Organismus. Ist es das Aufleuchten der Psyche, das wir in uns wahrnehmen, wenn durch wahres Streben der Körper sich mit innerem Licht erfüllt und das Bewußtsein in ein vielfältiges Funkelfeuer eintaucht, während die Augen geschlossen sind? Sind wir dann wie die halbentwickelte Libelle, die beim ersten Riß in ihrer Hülle einen flüchtigen Blick von ihrem eigenen, prachtvollen Flügelkleid erhascht? Meinte der Prophet etwa diesen Körper, als er sprach: »Du bist im Lustgarten Gottes und mit allerlei Edelsteinen geschmückt ..., und ich habe dich auf den heiligen Berg Gottes gesetzt, daß du unter den feurigen Steinen wanderst?« Und ging dieses spirituelle Leben dem Menschen verloren, weil sich sein Herz erhob aufgrund seiner Schönheit und seine Weisheit korrumpiert wurde aufgrund seiner eigenen Helligkeit? Sinnen wir über die zweite Möglichkeit nach, den Traum als selbsterzeugte Phantasie, müssen wir deswegen dem Träumer des Traumes nicht weniger Hochachtung erweisen. Wer ist es, der dem inneren Auge Landschaften aufprojiziert, so lebendig wie jene, die wir in der Natur sehen? Der Wind streicht kühl über den Körper im Traum; Tau liegt auf dem Gras; Wolken fliegen über den Himmel; wir treiben in der Luft und sehen alles von einem Blickwinkel, den wir im Wachen nie eingenommen haben: Wir bewegen uns in unbekannten Städten und sind in geheimen Missionen unterwegs. Es ist gleichgültig, ob unser Traum grotesk ist – dieselbe wunderbare Fähigkeit der beflügelten Schöpferkraft liegt darinnen. Wir staunen über Alpträume nicht weniger als über das großartigste Traumgesicht, denn wir erahnen in der Erschaffung beider dieselbe wunderbare Kraft. Ich kann nicht anders, als die Stechmücke für genauso wundervoll anzusehen wie den Paradiesvogel und diese zwei nicht weniger herrlich zu finden als den Seraphen. In allem ist der Herr des Lebens, und ich bin überwältigt vor Staunen angesichts des schöpferischen Genies, das sich in den wildesten Träumen und den erhabensten Visionen zeigt. Durch keine mir begreifliche Energie werden diese Bilder geschaffen: aber die Kraft, die sie hervorbringt, ist vermutlich ein mächtigeres Ich von uns und doch, aus nur ihm bekannten Gründen, unser Sklave. Ich fühle seine Anwesenheit in allem, was ich tue, denke oder mir vorstelle. Es dient meinem Willen. Beim Sprechen und Schreiben steckt es im sofortigen und wunderbaren Zusammenstellen von Erinnerungen. Aus den Myriaden von Gemächern der Seele, wo sie verborgen liegen, erheben sich hundert oder tausend Erinnerungen, Worte, Taten, Geschehnisse, belanglos oder voll hoher Bedeutung, Gedanken- oder Gesprächsmaterial, das in der richtigen Reihenfolge darauf wartet, gebraucht zu werden. Sie sinken lautlos zurück und sind von neuem bereit: Auf den geringsten Wunsch des Willens fliegen sie ins Bewußtsein, schneller als Eisenspäne zum Magneten. Wenn ich plötzlich erwache, nehme ich wiederum an, daß es sich um jenen Zauberer handelt, der auf wunderbare Weise eine Brücke aus Ereignissen schlägt, um mich vom innersten zum äußersten Sein zu tragen. Wenn Gedanke oder Vorstellung in mir gegenwärtig ist, erscheinen Ideen und Bilder auf der Oberfläche des Bewußtseins, und obwohl ich sie als »meine« Gedanken, »meine« Vorstellungen bezeichne, sind sie bereits ausgeformt, wenn ich ihrer gewahr werde. Der indische Weise Sankara sagt, daß auf Grund der Anwesenheit des höchsten Ich in uns unser Geist so in uns bewegt würde, als täte es ein anderer als wir selbst. Von seiner Anwesenheit hängen alle Bewegungen des Körpers und der Seele ab. Könnte ich überhaupt mit den Augen des Körpers der äußeren Unendlichkeit nachgehen, wenn es nicht den Vorsitz über den Gesichtssinn führte, Unendlichkeit Unendlichkeit interpretierte? Es scheint uns ebenso unbeteiligt und rasch zu dienen, ob unser Wille nun böse oder gut ist. Es ist immer bereit, uns auf Betreiben der Begierde Bilder tierischen Wesens und der Sinneslust vorzugaukeln. Es könnte von sich sprechen, wie der Herr von sich zum Propheten sprach: »Aus mir entspringt Gut und Böse.« Rufen wir es allerdings zum Bösen auf, reagiert es mit schwindender Kraft darauf, und bald können wir es nicht mehr zum Guten anrufen, denn das Böse, das wir heraufbeschworen haben, schwächt uns und arbeitet an unserer Vernichtung. Oder gibt es einen zweiten, bösen Geist, ein dunkles Abbild des Höheren, der uns ebenfalls als Sklave unserer Wünsche dient? Ich weiß es nicht. Wurde etwa vom Höheren gesagt: »Bittet, so wird euch gegeben; suchet, so werdet ihr finden; klopfet an, so wird euch aufgetan«? Können wir sein Wesen erforschen? Wiederum weiß ich es nicht, aber je mehr ich über dieses unermüdliche Wesen nachdenke, desto mehr staune ich, wie Aladdin mit der Lampe oder dem Ring, der nur den Talisman zu berühren brauchte, und schon war ein ganzes Heer von Geistern bereit, seinen Willen zu tun, für ihn im Handumdrehen wunderbare Paläste zu bauen und für ihn die Schatzkammern der Ewigkeit zu plündern.

Die Architektur des Traumes

Mein Zweck ist verfehlt, wenn ich nicht deutlich gemacht habe, daß der eigentlichen Architektur von Traum und Vision ein Geheimnis innewohnt, das sich nicht erklären läßt, wenn man von unterdrückten Begierden oder Sexualität spricht oder sonst von irgendwelchen Triebfedern, von denen die modernen Psychologen annehmen, daß sie sich im Traum entspannen. Eine Stimmung mag ja Wesensverwandtes anziehen, aber sie erschafft nicht, was sie anzieht, und zwischen dem Zorngefühl und der bestimmten Vision einer Auseinandersetzung tut sich eine ebenso geheimnisvolle Kluft auf wie zwischen Aladdins Wunsch und dem Erbauen seines herrlichen Palastes. Ich wünsche mir ein Haus, aber der Wunsch erbaut es nicht. Ich zeichne ein Haus, wobei jedoch jede Linie in vollem Bewußtsein gezogen wird, und wenn ich den Plan dem Baumeister übergebe, setzt der Maurer jeden Stein gänzlich bewußt. Keine zusammenhängende Architektur, ob in Stadt oder Traum, entsteht einfach irgendwie, durch irgendwelchen Un-Sinn, der körperlosen Wunsch in organische Form umsetzt. Wie rasch auch die Aufeinanderfolge sein mag, in dieser Sekunde zwischen Wunsch und Verkörperung oder Erfüllung in der Vision muß Raum für Verstandesarbeit sein, für das Erstellen oder die Auswahl von Formen und für deren Begabung mit Bewegung. Eine Sekunde ist für mein Gehirn ein zu kurzer Zeitschnipsel, um mehr als bloß zu sehen, aber ich kann nicht umhin zu glauben, daß einem geweiteteren Bewußtsein, welches mit dem meinigen zusammenwirkt, diese Sekunde für einen Blick in eine Formensammlung genügt, um eine Wahl zu treffen und großartige Pracht zu entfalten. Etwas ist da, ein Wesen in mir, hinter dessen Schnelligkeit ich als hoffnungsloser Trödler hinterherhänge, denn es kann durch den Archaeus reisen und mit seinen Waren von der Reise zurücksein, ehe mein Puls zweimal geschlagen hat. Als Künstler, der langsam, in harter Arbeit seine Bilder schafft, behaupte ich, daß die Gestalten von Traum und Vision, sofern sie selbstgeschaffen sind, einen Künstler benötigen, der weiß, was er tut, um sie anzuordnen, einen Zauberer, der sie mit Leben erfüllt, und daß der Prozeß ein gedanklicher ist, d.h. bewußt auf einer Seinsebene, obwohl das Ich, welches am Tor des Körpers sitzt, nicht weiß, was für Machthaber und Würdenträger in den inneren Palastgemächern der Seele zusammentreten. Wenn wir vom Fliegen träumen und alles von einem Blickwinkel sehen, den wir im Wachen niemals eingenommen haben können, wissen wir, wenn von den lebenden Bildern des Traums als Erinnerung oder unbewußten Neuverbindungen von im Wachen gesehenen Dingen gesprochen wird, daß dies Gerede ist, ohne feinere Beobachtung oder geistiges Verständnis. Ich betrachte Figuren, die ich in Traum oder Vision sehe, genauso kritisch, wie ich Figuren auf einem Bild betrachten würde. Ebenso, wenn ich eine Gestalt im Traum sehe, die ich im Wachen beobachtete, wenn sie anders handelt als zur Zeit, als sie das physische Auge aufnahm, jetzt geht, während sie vordem saß, nach unten schaut, während sie vorher hochblickte, und wenn diese Bewegungen im Traum authentisch erscheinen, so daß auf Gesicht und Gestalt das richtige Licht fällt und die Anatomie nicht verzerrt ist: daß Träume in den Gestalten der Erinnerung Dinge verändern sollen, ist ja in sich etwas ausgesprochen

Verblüffendes. Wir müssen uns vorstellen, daß die Erinnerung als solche in ihrer Art ebenso festgelegt ist wie ein Lichtbild oder die Haltung einer Statue. Verschwindet sie, sollte dies durch Schärfeverlust geschehen und nicht durch Umwandlungen in ebenso genaue, aber andere Formen und Gesten. Nun können wir nicht ohne Sprünge oder Verdrehungen der Anatomie oder völliges Ummodeln die Haltung einer Statue ändern, sogar wenn sie aus einer leicht formbaren Masse hergestellt worden wäre; und die plastische Veränderung aus der Bewegungslosigkeit zur Bewegung in einer Figur, die wir als Erinnerung einstufen, ist wundervoll, wenn wir es bedenken, so wundervoll, wie wenn die kleine Tanagra-Tonstatuette auf meinem Regal ihre modellierte Festigkeit aufgeben und vor mir auf- und abmarschieren würde. Für mich glaube ich, daß der Mensch ein proteusartiges Wesen ist, in dessen Einheit Vielfalt gründet, und es gibt Wesen in der Seele, die die Bilder unseres Gedächtnisses, ja sogar des ewigen Gedächtnisses, beleben können und durch sie zu uns im Traum sprechen, so daß wir ihre Stimmen hören, und es geht mit uns in unserer winzigen Mikrokosmos-Art genauso, wie vom Universum gesagt wurde, nämlich, daß es ein Selbstgespräch der Gottheit sei, wobei Ain-Soph zu Ain-Soph spricht.

Wir können uns über alle Bilder, die sich vor unserem inneren Auge bewegen, in solch allgemeinen Spekulationen ergehen, und es lohnt immer, den Aufbau der Vision genauer zu erforschen und gespannt zu verfolgen, was uns erscheint, denn sind wir eifrig bei der Sache, bleibt sie im Gedächtnis. Ein geistiges Bild, das uns anfangs nichts sagte, kann andere nach sich ziehen, die eine Verbindung mit dem ersten der Serie herstellen, so daß sie wie Seiten vom selben Buch erscheinen, die zu verschiedenen Zeiten gelesen werden. Als ich jung war, suchte ich häufig die Berge auf und fand, daß in den höheren Lagen Visionen ausgeprägter und leuchtender wurden. Dort beobachtete ich stundenlang schimmernde Landschaften und endlose Reihen von Gestalten, wobei ich versuchte, mehr an Bedeutung darinnen zu sehen als bloße Schönheit. Einst, am Hügelhang, dünkte mich, ich schlüpfte vom Heute in ein weit zurückliegendes Gestern der Erde. Dasselbe Tal lag unter mir, aber jetzt dunkelte es in den Abend hinein, und das Firmament türmte sich hoch als eine blaue Himmelsschale über der andern. Im Tal unten war eine Schlacht im Gang, und Männer wogten undeutlich dahin und dorthin. Ich erinnere mich an einen Krieger, um den der Kampf am heftigsten tobte, denn ein silberner Stern glomm über seinem Helm durch die Dämmerung. Das vergaß ich jedoch bald, denn etwas zwang mich hochzusehen, und da schwebte ein vor Licht glitzerndes Luftschiff über mir. Es blieb über dem Tal stehen, während ein graubärtiger, sehr majestätischer Mann in strahlenden, edlesteingewirkten Gewändern sich über Bord beugte und auf die Schlacht hinuntersah. Die Unterbrechung dauerte nur einen Augenblick, dann blitzten die Lichter noch heller auf, leuchtender Nebel wurde von vielen Düsen unter dem Schiff in die Luft gestoßen, und es stieg in die Höhe und verschwand hinter den Bergen; ein zweites folgte und sogar noch weitere, alle voller Lichterglanz, und schraubten sich über den Hügeln in die Lüfte und waren bald von den andern Himmelslichtern nicht mehr zu unterscheiden. Es muß nun ein Vierteljahrhundert her sein, seit ich diese Vision erlebte, an die ich mich deutlich erinnere, weil ich das Schiff malte, und es muß, glaube ich, fünf oder sechs Jahre darauf gewesen sein, daß mich eine zweite Vision in derselben Reihe zusammenzucken ließ. Wiederum befand ich mich auf den Höhen, und diesmal kam die Erscheinung in der mystischen Luft so nahe, daß ich, wäre es möglich gewesen, eine Hand von dieser Welt in jene auszustrecken, den Luftfahrer, wie er an mir vorbeifegte, hätte anfassen können. Ein junger Mann steuerte das Schiff, das schwarze Haar aus der Stirn zurückgeweht, das Antlitz blaß und entschlossen, gesenkten Hauptes, die Augen aufs Steuer gerichtet: neben ihm saß eine Frau, einen rosenfarbenen, mit Goldfäden durchzogenen Schal über den Kopf, um die Schultern, über die Brust und die verschränkten Arme gelegt. Ihr Antlitz war so hoheitsvoll wie das einer Königin, und ich behielt dieses Gesicht seines Stolzes, seiner Ruhe und seiner Schönheit wegen lange in Erinnnerung. Zu der Zeit glaubte ich, daß dies ein Bild im ewigen Gedächtnis, aus einer noch weiter als Atlantis zurückliegenden Zivilisation sei, und in meinem Herzen löste sich ein Schrei leidenschaftlichen Bedauerns darüber, daß das romantische Zeitalter aus der Welt entschwunden war, wobei ich jedoch nicht wußte, daß das große Zeitalter der Welt wiederkehrte und wir bald wieder unter epischen Himmeln segeln sollten. Danach sah ich zu verschiedenen Zeiten und an verschiedenen Orten solche Wanderer der Lüfte, und mir fiel auf, daß alle diese Visionen etwas Gemeinsames an sich hatten, daß sie sich nie mit dem Modernen vermischten, daß sie die Eigentümlichkeiten besaßen, an denen sich Zivilisationen voneinander unterscheiden lassen, die chinesische von der griechischen, die ägyptische von der hinduistischen. Aus diesem Stoff ist heroische Dichtung gemacht, und wäre ich ein Geschichtenerzähler wie unser großer Standish

O'Grady[7], hätte ich wohl, ohne viel zu fragen, eine Wundergeschichte der Lüfte geschrieben, sagenhaft oder futuristisch; aber ich habe schon immer gleichviel philosophisches wie künstlerisches Interesse an dem besessen, was gemeinhin Vorstellungsvermögen genannt wird, und habe seit je gedacht, daß das, was viele Künstler und Dichter in die bildende Kunst und die von den Vorstellungskräften gespeiste Literatur hineinlegten, ebenso interessant, wenn nicht noch interessanter wäre als Psychologie. Ich fing an, mich zu fragen, wo in den drei Zeitabschnitten, oder in welchen räumlichen Bereichen, diese Schiffe vom Stapel gelassen worden waren. Etwa vor Urzeiten, in einer wirklichen Werkstätte einer untergegangenen Zivilisation, oder waren sie nur Bilder im ewigen Gedächtnis? Oder entließ sie mein eigener Geist aus einem wunderbaren Hangar des Seins, und wenn ja, in welcher Absicht? Oder waren es Bilder von Dingen, die erst in die Welt kommen sollten, erzeugt im ewigen Gedankengrund, wo Vergangenheit, Gegenwart und Zukunft nebeneinander bestehen und von wo aus sie sich in das Vorstellungsvermögen von Wissenschaftlern, Ingenieuren oder Dichtern verirren, um in Entdeckung, Mechanismen und Gesang ausgestaltet zu werden? Ich kann es unmöglich entscheiden. Manchmal spiele ich sogar mit den Gedanken an eine die unsere durchdringende Welt, wo eine andere Sonne leuchtet und andere Sterne über anderen Wäldern, Bergen, Flüssen und über einer anderen Art von Lebewesen strahlen. Und ich weiß nicht, warum das nicht so sein sollte. Wir werden zu solchen Spekulationen gedrängt, wenn wir uns vergewissern, daß

7 Standish O'Grady (1832–1915): einer der großen Wiederentdecker der inselkeltischen Sprache und Kultur.

keine in uns wirkende, uns bewußte Kraft mit der Erschaffung solcher visionären Formen zu tun hat. Wenn diese Schiffe so wunderbar von einem transzendenten Künstler des Geistes in die Luft der Vision gesetzt wurden, müssen sie zu einem Zweck gebaut worden sein, aber zu welchem? Ich war kein aufs Fliegen versessener Ingenieur, aber es ist, glaube ich, beachtenswert, daß mich im Augenblick des Gesichtes dünkte, daß ich den Mechanismus dieser Luftschiffe verstünde, und fühlte, wenn mir möglich gewesen wäre, aus diesem Jahrhundert aus- und in die Barke der Vision umzusteigen, daß ich das Ruder ergreifen und das Schiff voll Zuversicht seinem Ziel hätte entgegensteuern können. Ich wußte, daß das Schließen einer Düse an der einen Seite des Buges das Schiff in diese Richtung zwingen würde, denn die von der parallelen Düse ausgestoßene Kraft, die nicht länger von einer gleichen Emission im Gleichgewicht gehalten wurde, brachte die Richtungsänderung zustande. Es ist interessant, Vermutungen anzustellen über diesen Eindruck, in einer Sache erfahren zu sein, denn es könnte andeuten, daß das Unterbewußte und die Vision, die überraschend ins Auge trat, irgendwie Komplizen sind. Jenes praktische Wissen kann sich möglicherweise ins erstere ergossen haben, während letzterem das Sehen vergönnt wurde. Wenn der Vision Vorstellung zugrunde lag, d. h., wenn das Luftschiff von meinem eigenen Geist vom Stapel gelassen worden war, mußte ich mich, vielleicht im tiefen Schlaf, mit dem Baumeister verständigt haben. Halte ich es für eine Imagination, so bin ich berechtigt, mit allen Mitteln zu versuchen, mit vollem Bewußtsein an die Werkstätte heranzukommen, wo solche Wunder geschaffen werden. Ich kann mich doch nicht damit zufrieden geben, dies als Imagination zu akzeptieren und nicht versuchen, mit dem Architekten bekannt zu werden. Was die Visionen von Luftschiffen und viele andere betrifft, ist es mir nicht gelungen, nicht einmal spekulativ, sie in einer bestimmten Welt oder einem bestimmten Jahrhundert anzusiedeln, und so muß es mit den Imaginationen vieler anderer Menschen auch sein. Aber ich glaube, wenn wir über diese Dinge nachzudenken beginnen, daß wir damit den Anfang machen, vom Traum des Lebens aufzuwachen.

Ich habe erwähnt, daß Bilder von Zukünftigem aus einem zeitlosen Sein in unsere Sphäre gelangen können. Bis jetzt habe ich noch keinen schlagenden Beweis, daß eine meiner Visionen prophetisch wirkte, und nur eine, die solches erahnen läßt, und die war so bemerkenswert, daß ich sie aufzeichnete, weil, wenn sie zukunftsweisend wäre, ihre Bedeutung sich möglicherweise erst später enthüllte. Vor ungefähr einundzwanzig Jahren war ich in einem Zimmerchen in Meditation versunken, wobei diese plötzlich von einer Bilderfolge unterbrochen wurde, die mit der Geschwindigkeit lebender Bilder in einem Lichtspielhaus vor mir ablief. Sie hatten keinen mir ersichtlichen Zusammenhang mit dem Thema meiner Betrachtungen und wurden vielleicht zu diesem Zeitpunkt eingefügt, weil es in einem angespannten Zustand der Konzentration leichter ist, wenn das Gehirn hell wird, ans Bewußtsein zu bringen, was daran gebracht werden muß. Damals war ich weit mehr an der Politik der Ewigkeit als an der Politik meines eigenen Landes interessiert und hätte keine Stunde meiner leidenschaftlichen Meditation über den Geist ausgelassen, um auch dem dramatischsten Schauspiel in einer unseren nationalen Bewegungen beizuwohnen. Diese Meditation brachte mich zu einem bewaldeten Tal, worüber ein Berg aufragte, und zwischen Himmel und Erde darüber stand eine riesige, von einer Lichtaura umgebene Gestalt; und sie schritt aus diesem Lichterkreis herunter, nahm Menschengestalt an, stand vor mir und blickte mich an. Das Antlitz dieser Gestalt war großflächig und von edler Art, bartlos und dunkelhaarig. Der Klarheit nach ähnelte es dem Gesicht des jungen Napoleon, und ich würde beide auf einen gemeinsamen Archetyp zurückführen. Dieses Wesen sah mich an und verschwand, wobei es sofort von einer zweiten Vision abgelöst wurde, diesmal von einer Frau mit einem blauen Mantel um die Schultern, die in ein Zimmer eintrat und ein kleines Kind auf den Schoß nahm, worauf aus ganz Irland Lichtstrahlen in diesem Kind zusammenliefen. Dann entschwand dies, und sofort folgte das nächste Bild in der Serie: hier wurde ich nun aus Irland herausgebracht, um den Krönungsthron in Westminster zu schauen, den eine Herrscherfigur einnahm, die immer matter wurde, bis ihren Fingern schließlich das Zepter entglitt; sie sackte in sich zusammen, fiel herunter und verschwand von dem berühmten Sitz. In rascher Folge darauf erschien eine weitere Szene; eine Riesengestalt schlug wild und in höchster Erregung im Auf- und Niederschreiten eine Trommel, und wo immer sie den Fuß hinsetzte, sprühten Funken und wirbelten Flammen und schwarzer Rauch hoch, wie von brennenden Städten. Es ging zu wie beim roten Schweinehirten der Sage, der die Menschen in wahnsinnige Raserei hineintrommelte; und als dieser Irre fort war, sah ich, wie ganz Irland von den Bergen bis zum Meer aufleuchtete, indem es seine Strahlen gen Himmel schickte wie in dem Gesicht, das Brigid, die Prophetin, hatte und St. Patrick erzählte. Alles, was aus dieser Abfolge für mich an Sinn herauskam war, daß ein von der Vorsehung erwähltes Kind, um das sich die Zukunft Irlands drehen werde, zur Welt gekommen war oder in kurzem kommen sollte, und daß es ein Avatar sei, symbolisierte das Heruntersteigen der ersten Gestalt von Himmel, und weiterhin daß, bevor sich dieses hohe Schicksal erfüllte, die Kraft des Imperiums eine Schwächung erführe und sich noch eine weitere, tragische Episode an die Geschichte Irlands anfügen würde. Ob dies Wahrheit oder Phantasie ist, kann allein die Zeit entscheiden. Keine Trommeln, die seither in diesem Land gerührt worden sind, scheinen mir verrückt genug, um von jenem wahnsinnigen Getrommel vorausgesagt worden zu sein. Was kann ich von einer solchen Vision anderes sagen, als daß sie mich so beeindruckte, daß ich das Analysieren vergaß, denn was sie aussagte, war wichtiger als alle Philosophiererei über diese Aussage. Ich habe versucht, mir das selbst vernünftig zurechtzulegen, wie ich es mit einer Bilderfolge eines anderen Typs auch tun würde, um hieraus – aus einer Reihe ist es leichter als aus einer Einzelvision – gültige Gründe für die Überzeugung abzuleiten, daß ein bewußter Verstand irgendwo hinter dieser Abfolge stehen müsse. Aber ich kann darüber nicht vernünftig argumentieren, um zu einem Schluß zu kommen. Ich weiß nur, daß ich überall der Jugend in Gestalt einer jeden neuen bedeutenden Persönlichkeit ins Gesicht sehe, in der Hoffnung, bevor ich sterbe, den Avatar mit der hellen Stirne aus meiner Vision wiederzuerkennen.

Haben die Figuren der Vorstellung Körper?

In naturwissenschaftlichen Publikationen lese ich von wunderbar feinen Instrumenten, die ausgetüftelt wurden, um dem Verstand die Wirkungsweise von für das Auge unsichtbaren Kräften klarzumachen, um zu zeigen, wie Alphastrahlen, Gammastrahlen oder die Schwingungen in Metall oder Pflanze gemessen werden, und ich wünsche mir sehnlichst eine Vorrichtung zur Hilfe für den Intellekt, um schwierige Probleme der Psychologie zu lösen. Ich frage mich, wie ich mittels exakten Wissens, das andere zu überzeugen vermag, herausbringen kann, ob die Figuren von Vision, Imagination oder Traum zwei- oder dreidimensional sind. Die Figuren, die in einem Lichtspieltheater auf die Leinwand geworfen werden, sind platt, vermitteln jedoch alle die Illusion von Bewegung, Entfernung, Schatten, Licht und Form. Die Figuren des menschlichen Gedächtnisses akzeptiere ich gerne als zweidimensional. Sie werden durch Lichtwellen der Netzhaut aufgeprägt und auf eine Leinwand im Gehirn projiziert. Aber ich sehe mich durch meine und anderer Leute Erfahrung gezwungen, an ein uns zugängliches Gedächtnis der Natur zu glauben. Dieses kann jedoch weder durch die körperlichen Organe des Sehens und Hörens registriert werden, wie das unsere, noch läßt sich aus der Vorstellung heraus erklären, wie es überhaupt ein Medium in der Natur geben kann, das wie ein Spiegel oder wie der menschliche Sehapparat, aus sich heraus, einen uns verständlichen Eindruck von dem, was um uns passiert, reflektiert. Gäbe es ein solches, die Rolle des Spiegels für Natur oder Leben übernehmendes und den Eindruck festhaltendes Medium, dann müßte es so universal sein wie der angebliche Äther der Naturwissenschaftler; und wie könnten uns verständliche Eindrücke auf diesem Medium, wie Lichtwellen, durch den nadelstichgroßen Brennpunkt des Auges gebündelt werden, um einen einzigen Gesichtspunkt zu erfassen? In unserer Schau des Naturgedächtnisses sehen wir Figuren unverzerrt. Könnten wir uns den ganzen Körper so lichtempfindlich vorstellen wie der eine Punkt im Gehirn, an dem die Sehnerven zusammenlaufen, was für eine Sehweise besäßen wir dann? Die Erde unter den Füßen, Gegenstände rechts, links, oben, unten würden alle lautstark in verschiedenen gräßlichen Gestalten die Aufmerksamkeit auf sich zu ziehen suchen. Die Füße sähen aus dem einen Blickwinkel, die Hände aus einem andern, vorne und hinten würden uns durcheinanderbringen; daher kann ich mir die Dokumentationskraft in der Natur nicht wie einen reflektierenden Spiegel vorstellen, der Eindrücke festhält und bewahrt. In uns arbeitet aber noch eine andere Gedächtnisweise, nämlich diejenige, die unser subjektives Leben aufzeichnet, welche uns vielleicht einen Hinweis auf den Gedächtnismechanismus in der Natur geben kann. Gemütslage, Denken, Leidenschaft, Ekstase, all das wird für uns aufbewahrt, kann abgerufen und wiederbelebt werden. Legen wir, über Ausstrahlung, ein unendlich feines, jedoch vollständiges Bild von uns ab, ununterbrochen, Augenblick für Augenblick? Bleibt jede Regung von Geist und Körper erhalten, so daß eine vollständige, getreue Nachbildung, ein dreidimensionales Abbild von jedem Moment des Lebens weiterbesteht? Verhält es sich mit dem Gedächtnis der Natur so? Bewahrt sie durch fortlaufende Abstrahlung aus sich ihre eigene Geschichte für sich? Belastet diese Hypothese die Wesenheit des Universums, wie wir es kennen, zu stark? Ich benütze nicht gern Argumente, deren Gültigkeit ich selbst nicht nachzuweisen vermag. Aber ich darf daran erinnern, daß Balfour Stewart[8], ein hervorragender, wissenschaftlicher Denker, vermutete, daß im Äther eine kontinuierliche Energieübertragung aus dem sichtbaren Universum stattfindet und daß diese aufgespeicherte Energie die Matritze des unsterblichen Gedächtnisses für Mensch und Natur bilden könne. Diese Vorstellung, wie er sie sich ausdachte, lastet nicht allzu schwer auf der Materie. Aber was ist Materie überhaupt? Ist nicht jedes ihrer Atome mit dem Unendlichen befrachtet? Spiegelt nicht sogar in der sichtbaren Natur jeder winzigste Punkt im Raum als Mikrokosmos den Makrokosmos von Erde und Himmel wider? Dieser kleinste Punkt im Raum, den mein Auge einnimmt, wenn ich auf dem Berg stehe, bekommt endlose Ansichten eingetrichtert, aus vielfältigen Bergen, Tälern, Wäldern, glitzernden Meeren, Wolken und unendlicher Bläue. Wohin ich mich auch wende, ob durch Lichtstrahlen oder Wellen, vom entferntesten Stern bis zum nahesten Baumblatt mit seinem komplizierten Aufbau von Adern und Farbtönen, kommt auf diesen stecknadelstichgroßen Punkt im Raum, das Auge, eine unendliche Vielfalt von Sehinhalten zu. Wenn jeder Stecknadelstich im äußeren Raum belichtet, aber nicht vom Unermeßlichen geblendet wird, was für ein größeres Wunder an Subtilität, an ätherischer Feinheit könnte denn noch der Materie zugeschrieben, aber auch abgesprochen werden, weil es die Glaubwürdigkeit überstrapaziert? In der Eichel zu meinen Füßen steckt eine winzige Zelle, die seit

8 Balfour Stewart (1828–1887): Physiker und Meteorologe.

Anbeginn der Erde die Erinnerung an die Eiche in sich trägt und in sich eine Kraft zusammendrängt, die aus sich die volle Majestät des Eichenbaums heraussetzen kann. Aus dieser sehr kleinen Kraftquelle kann durch ein Wunder eine weitere Zelle entspringen, und eine Zelle nach der andern wird geboren, sich weiter teilen, weitererzeugen und miteinander eine Unzahl von Zellen entstehen lassen, die alle eine geheimnisvolle, in der ersten schlummernde Kraft lenkt, so daß sie in hundert Jahren, dem Plan des winzigen Architekten gehorchend, »die grüngewandeten Senatoren der mächtigen Wälder« aufgebaut haben werden. Es ist nichts Unglaubliches an der Annahme, daß jede Körperzelle von Myriaden von Erinnerungen eingehüllt ist. Wer der Materie am wenigsten an Geheimnisvollem zugesteht, ist am weitesten von der Wahrheit entfernt, und derjenige am nächsten an der Wahrheit, der vermutet, daß das Absolute in seiner ganzen Wesensfülle im Atom gegenwärtig ist. Werde ich getadelt wegen der Annahme, daß die Erdenseele Erinnerungen an sich erhält, indem sie, Augenblick für Augenblick, überdauernde Bilder ihres vielfältigen Lebens ablegt, so spreche ich doch nur von der Natur in ihrer Ganzheit aus, was sie in ihrem sichtbaren Teil unablässig auf ihre Art tut. Welches Problem von Geist, Vision, Vorstellung oder Traum löse ich durch diese Hypothese? Als Künstler bin ich schon öfter verblüfft gewesen über die Fügsamkeit, die die vorgestellten Figuren meinen Anordnungen gegenüber an den Tag legen. Lassen Sie mich einen solchen Fall schildern. Ich stelle mir eine Gruppe weißgekleideter Araber auf einem sandigen Hügelchen vor, und sie dünken mich so voll edler Würde, daß ich sie malen will. Mit einer Ruhelosigkeit ähnlich derjenigen, die einen Porträtmaler veranlaßt, sein Modell umzusetzen, bis er die ihn zufriedenstellende Pose findet, sagte ich zu mir selbst: »Ich wünschte, sie würden die Arme über den Kopf heben«, und auf diesen Anstoß hin heben alle Gestalten in meiner Vision die Hände, als wollten sie das Morgenrot begrüßen. Ich sehe auch andere Figuren auf Grund meines Vorstellungsvermögens, die mich als Komposition reizen. Es kann sein, daß eine sitzende Figur darunter ist, und ich finde, daß sie sich besser einfügen würde, wenn man sie in eine andere Richtung drehte, und sie hört auf meinen Vorschlag – nicht immer, aber zuweilen. Und immer wieder, wenn ich, der ich fast nur aus dem heraus male, was »Phantasie« genannt wird, und nie Modelle benütze, eine Figur in meiner Vision beobachte, so wird sie ihre Bewegungen nach meinem Willen ändern. Das ist für mich erstaunlich. Das Ausdenken und eigentliche Zeichnen des komplizierten Licht- und Schattenmusters, das das Händeheben meiner imaginären Araber nach sich zieht, ist von beachtenswerter Schwierigkeit. Mein Gehirn sieht nicht in einem raschen Einsatz die malerischen Konsequenzen, die das Armheben mit sich bringt, in allen Einzelheiten voraus, aber dennoch gehen auf einen einzigen Wunsch, eine verstandesmäßige Anordnung, komplizierte Abänderungen in den vorgestellten Figuren vor sich, nicht anders, als ob wirkliche Araber vor mir stünden und auf meinen Anruf hin die Hände erhöben. Wenn ich eine Menschenmenge, zu der ich sprechen möchte, bitte, ihre Stellung zu verändern, damit sie mich besser hören kann, wundert mich die unendliche Vielschichtigkeit der von mir verursachten Veränderung keineswegs, denn mir ist bewußt, daß der Wille in jedem einzelnen, durch ein Wunder, die Form beherrscht, daß die Mitteilung über Nerv und Muskel geht und daß der einfache Wunsch komplizierte Wechsel herbeiführt. Aber wie komme ich an die Figuren in Traum oder Vorstellung heran? Durch welches Wunder verursacht der einfache Wunsch komplizierte Veränderungen? Jetzt wird ersichtlich, warum ich um eine Vorrichtung bat, wodurch ich feststellen kann, ob die Formen in Traum oder Imagination zwei- oder dreidimensional sind. Sind auf einer Ebene nur menschliche Erinnerungen, Schwingungen von aufgestautem Sonnenlicht, das irgendwie, wie eine Fotografie im Gehirn fixiert ist, so ist deren Veränderung durch eine einfache Aufforderung unglaublich. Ich bemerkte, daß Freud, sich auf einen Traum beziehend, lässig hinwirft, dieser sei aus einer Mischung von Erinnerungen entstanden, aber dennoch schien die Architektur des Traumes aus einem Guß und nicht zusammengestoppelt. Er besaß eigene Bewegungsabläufe. Es ist nun wirklich wunderbar, daß er das Wunder, worüber er so leichtfertig schrieb, nicht zu erkennen vermochte. Wie könnten wir uns überhaupt vorstellen, daß etwas, und wären es die höchsten, bewußten, künstlerischen Verstandeskräfte, die Schwingungen nähme, die diese Hand bildeten, und sie an diejenigen anfügen würde, die jenen Arm dort ausmachten, oder sogar die Schwingungen nähme, die eine vollständige Figur aufzeichneten, und sie so zurechtböge, daß die Figur sich mit anderen Gebärden bewegte als die ersten, in der Erinnerung aufgenommenen. Würde ein solches Bild zusammengesetzt, und wäre es von lebensgroßen Figuren, käme dabei nur Flickwerk heraus, und ein offensichtlich zusammengestückeltes dazu. Aber die Gestalt in Traum und Vorstellung pflegt mit regelrechten Bewegungen und unverrenkter Anatomie herumzulaufen. Macht nicht bereits die Mühe, die es kostet, sich solche Neuverbindungen vorzustellen, sogar wenn der mächtigste, bewußte, künstlerische Intellekt dahintersteckte, das Ganze unglaubwürdig? Jedenfalls ergeht es dem Künstler so, der die Form mit kritischen Augen betrachtet. Wieviel größer ist jedoch die Unglaubwürdigkeit bei der Annahme, daß kein Künstler dahinterstand, der wußte was er tat, sondern daß alle diese echten Bilderfolgen in Vorstellung und Traum ohne eine mit Verstandeskräften begabte Führung zustande kamen. Was für eine Verbesserung ergibt sich aber, wenn wir davon ausgehen, daß die Figuren in Vorstellung und Traum dreidimensional sind und eine echte Körperlichkeit und eine, wie auch immer ätherische, zarte und feine Organisation besitzen? Wenn sie innerlich und äußerlich, in ihrem imaginären Wesen vollständige, vom lebendigen Organismus abgestrahlte Schattenwürfe oder Abbilder sind, so ist es möglich, sich vorzustellen, daß Leben sich ihrer bemächtigt. Es ist denkbar, daß Willenskräfte ihre Bewegungen dirigieren, so wie auf ein Kommandowort Soldaten kehrtmachen und marschieren. Deswegen mache ich den Vorschlag, daß das Gedächtnis der Natur möglicherweise über Abstrahlungen oder Schattenwürfe von Leben und Form zustande kommt, und deswegen sind diese Bilder, wenn wir sie sehen, nicht die gräßlichen Komplexitäten, die zu erwarten wären, wenn sie aus Widerspiegelungen von einem universellen, sich überall ausbreitenden Äther bestünden, dabei von überall her und von allen möglichen Blickwinkeln Farbe annähmen und zweidimensional blieben. Die Hypothese, daß alles in der Natur, alles Lebendige, ein ewiger Quell imaginärer Abbilder seiner selbst ist, dürfte die Erklärung liefern, wie Ruinen für das Auge des Sehers ihr altes Leben wieder erstehen lassen können, so daß er die Menschen vor tausend Jahren in ihren Städten, die nun öde und leer sind, sieht sowie die dunkelhäutigen Händler, die ihre Ballen auf dem Markt auspacken, und deshalb haben sie, wie formuliert wurde, den Anschein, »ihre Gedanken zu denken und ihre Taten zu tun«. Haben wir Zugang zu solchen Erinnerungen und sind diese sowohl innerlich als auch äußerlich mit Organen ausgestattet, ist es dann nicht vorstellbar, daß unser Wille und Wunsch sie beherrschen? Können wir uns nicht solche in den Strudel einer träumenden Seele hineingeratenen Formen vorstellen, die vom Meer der Leidenschaften, worin sie sich befinden, beeinflußt werden und auf Anregung reagieren? Und wenn wir voraussetzen, daß ein vollkommeneres Wesen von uns eine weitergespanntere Sicht als das wache Bewußtsein besitzt und nicht nur von den Formen, die der Mittel- oder Himmelwelt eigen sind, Gebrauch machen kann, dürfte dies dazu beitragen, einiges an Verwirrungen zu lösen, die sich in jenen gebildet haben, die aufmerksam und wach ihre eigenen Träume und Visionen beobachten. Ununterbrochen sehe ich mich in der Analyse der von mir geschauten Figuren gezwungen, ihnen über das mir bekannte, vergängliche Leben hinaus nachzugehen und mir über das Wesen des ewig Lebenden Gedanken zu machen. Ich glaube nicht, daß es eine Zwischenstation zwischen dem Spirituellen und Materiellen gibt, wo sich der Menschenverstand ansiedeln kann. Und wenn wir nun entdecken, daß unser Sein in einem universellen Leben gründet, dann müssen wir eben unsere Werte und alle unsere Ideen ändern, bis sie von der einzigen Ursache allen Seins abhängen und mit ihr harmonieren.

Intuition

Das Gefühl der Allgegenwart einer Gottheit in Wort und Tat vermitteln meine Worte nicht. Der Ekstatiker, der sich stammelnd kaum auszudrücken vermag, kann uns ahnen lassen, daß sich das Himmelsreich in ihm befindet. Ich wähle meine Worte in Ehrfurcht, spreche jedoch aus Erinnerung, und ein Tag verrät dem nächsten seine eigene Weisheit nicht. Die Höhepunkte in unserem Leben sind oft jene, wovon nachher nur die verschwommensten Erinnerungen bleiben. Wir mögen für einen Augenblick eine Erleuchtung erleben, jedoch fast ebensowenig von deren Wirklichkeit zurückbehalten wie der Ozean von den Spuren eines großen, über die Wogen dahinziehenden Schiffes. Ich erinnere mich eher an Begebenheiten als an Stimmungen, Gesehenes als an den Zustand der Verzückung.

Wie kann ich nun, der ich mich von mir selbst entfernt habe, und seit langem mit anderen Arbeiten beschäftigt bin, von dem sprechen, was ich in jenen Jahren fühlte, als all mein Trachten auf das Geistige ausgerichtet war und mich noch keine Pflichten zu gleichen, äußeren Anstrengungen zwangen. Ich kam mir immer mehr vor wie die Vorfahren der Arier[9], im weit zurückliegenden geistigen Morgengrauen, als die Erde zum ersten Mal ihr Bewußtsein auf die Menschen ausdehnte. Aus

9 »Arier« und »arisch« wird von Russell natürlich nicht im rassischen, sondern im kulturell-religiösen Sinne für die indoeuropäischen Begründer der vedischen Religion benützt.

dieser Urverzückung und diesem Goldenen Zeitalter entsprang die große geistige Überlieferung, wie sie noch immer in den *Veden*[10] und *Upanischaden*, in den persischen und ägyptischen Mythen enthalten ist und leuchtend vor Farbe und Märchenzauber unsere keltischen Sagen durchzieht. Ich erlebte nur ein schwaches Glimmern von dem, was für die Vorfahren volles Licht war. Ich vermochte mich nicht in diesen Strahlenglanz hineinzubegeben wie sie, jedoch schien mir die Erde in göttlichen Äther getaucht. Zuweilen kam ich mir vor wie ein von den Toten Auferstandener, wieder jungfräulich und rein Gewordener, der die feinste vertrauliche Bekanntschaft mit den göttlichen Gefährten, mit Erde, Wasser, Luft und Feuer erneuert. Atmen bedeutete mir das Einziehen magischer Elixiere. Die Erde berühren hieß, das Einströmen von Kräften zu fühlen, wie es jenem erging, der den Mantel des Herrn anfaßte. Das Denken, woher es auch immer seinen Anfang nahm, führte unweigerlich zur himmlischen Stadt. Aber diese Gefühle sind nicht mitteilbar. Wir besitzen keine Wörter, um die tausenderlei Unterscheidungen auszudrücken, die dem spirituellen Sinn klar sind. Wenn ich jemandem, der das selbst nie empfunden hat, von diesem Zustand des Herausgehobenseins berichte, läßt es sich diesem Menschen als Freude an perfekter Gesundheit begreiflich machen, und er übersetzt in weniger hohe Ausdrücke, was Sprache der Götter für die Menschen ist.

Ich begann zu schreiben, darauf bedacht, dem Verstand die Dinge exakt zu schildern und nur von dem zu sprechen, worüber vernünftiges Argumentieren möglich

10 *Veden:* älteste Sammlung heiliger Schriften der Inder.

war, blieb aber oft im Unbestimmten, wie, als ich in einem früheren Kapitel erwähnte, daß die Erde eine Äußerung der Götter sei: »Jede Blume war ein Gedanke. Bäume waren Rede. Das Gras war Rede. Die Winde waren Rede. Das Wasser war Rede.« Was aber sagt das aus? Viele Menschen fühlen sich über sich hinausgehoben, wenn sie Schönes in der Natur sehen, und man könnte ja sagen, daß die gefällige Erwähnung einer göttlichen Welt Gemütsbewegung nicht präzise ausdeutet. Ich glaube, daß die Natur eine Offenbarung der Göttlichkeit ist und daß, weil auch wir der göttlichen Natur teilhaftig sind, alles, was wir sehen, uns wesensverwandt ist; und obgleich wir jetzt noch wie Kinder sind, die Buchstaben angucken, bevor sie lesen gelernt haben, ist dem erleuchteten Geist sein eigenes Wesen klar aus dem Universum ersichtlich, genauso wie ich meine Gedanken in den von mir geschriebenen Worten wiedererkenne. Alles in der Natur ist von dem Verstand zugänglicher Bedeutung und Beziehung, als Äußerung zum Urgedanken, woraus das Universum entstand. Und wir, deren Geist nach seinem Bilde geschaffen ist, die den Mikrokosmos zum Makrokosmos bilden, tragen in uns den Schlüssel, um die Bedeutung dieser Aussage zu erschließen. Wegen dieser Wesensverwandschaft kann der Menschengeist durch schnelle Intuition die Natur für sich auslegen, ebenso wie unsere Menschenhaftigkeit Charakterzüge versteht, die die Lippenform verrät oder die Stimmung, die sich in uns überall hinverfolgenden Augen versteckt hält. Wir reagieren auf unzählige Weisen auf diese myriadenfache Natur um und in uns, aber wir geben das Geheimnis unserer Empfänglichkeit dafür nicht preis, und weil es dafür keine Wörter gibt, reden wir mit anderen nur in allgemeinen Formulierungen darüber. Mir liegt daran, präzise zu sein, und nachdem ich das Gedächtnis nach einem Beispiel der göttlichen, mir verständlich gewordenen Rede durchforstet hatte, die ich in Worte übersetzen konnte, welche sie anderen wiederum verständlich machen sollte, erinnerte ich mich an etwas, das, wenn es vielleicht auch nicht akzeptiert, so doch verstanden werden dürfte. Es war das Alphabet der Sprache der Götter.

Das war eine genau begrenzte Intuitionsübung, mit dem Zweck, aus einem Chaos von Eindrücken eine verstandesgemäße Ordnung zu entwickeln und die tief verankerten Verwandschaften zwischen Laut und Idee, Element, Kraft, Farbe und Form aufzudecken. Ich bemerkte, als das innere Wesen sich entwickelte, daß es eine eigene Symbolik benützte. Laute, Formen und Farben mit konventionell festgesetzter Bedeutung in dem komplizierten Gebilde unseres äußerlichen Umgangs miteinander nahmen neue Bedeutungen im Geiste an, als spräche er eine eigene Sprache und wollte diese der kindlichen Psyche mitteilen. Falls diese neuen Bedeutungen nicht nach und nach einen verstandesmäßig erfaßbaren Charakter zeigten, würde das Weiterverfolgen dieser Meditation, das Fördern von Verbindungen neuer Ideen mit alten Symbolen dem Wahnsinn Vorschub leisten. Allein schon das teilweise Aufkommen solcher Ideen, die Tatsache, daß eine Person einen Vokal mit einer gewissen Farbe oder eine Farbe mit einem bestimmten Gefühl verbindet, wird von manchen als Zeichen einer angeschlagenen geistigen Gesundheit angesehen. Ich versuchte, das Licht auf meiner Stirne zu entzünden, um jeden dunklen Winkel in mir auszuleuchten, im Glauben, daß das äußere Universum der Natur keine feinere Bauweise aufweist als das innere Universum des Seins und daß das Licht nur noch prächtigere Gemächer der Seele aufzeigen könnte und daß, was immer der darinnen Wohnende an Sprache benütze, seiner eigenen Sphäre entsprechen müsse; so wurde ich ein Schüler des Geistes und versuchte als Kind, das Abc zu Füßen der Götter zu lernen.

Ich erhielt den ersten Anstoß, über die Elemente der Menschensprache nachzusinnen, durch das aus dem Dunkeln hervorgeflüsterte Wort »Aeon«, denn unter den vielen Gedanken, die mich zu jener Zeit beschäftigten, kam mir derjenige, daß Sprache ursprünglich intuitiv gewesen sein muß. Ich ließ diese Idee dieses eine Wort betreffend fallen, aber die allgemeine Spekulation verfolgte mich, und ich wandte mich ihr immer wieder zu und begann über die Bedeutung von Einzelbuchstaben nachzugrübeln und hatte bereits viele Buchstaben geometrischen Formen oder Elementen zugeordnet, als ich wieder einmal, scheinbar zufällig, ein Buch vom Regal nahm. Es war ein Band der *Upanischaden*, und er öffnete sich auf einer Seite, wo mir ins Auge sprang: »Aus diesem Selbst ging die Luft hervor, aus der Luft Feuer, aus dem Feuer Wasser und aus dem Wasser die Erde«. Ich zitiere aus einer lange zurückliegenden Erinnerung, aber die Worte sind, glaube ich, nah genug am Text. Was mich in Erregung versetzte war, daß ich bereits entdeckt hatte, was ich für die lautlichen Entsprechungen von Ich, Bewegung, Feuer, Wasser und Erde hielt; und die in diesem Abschnitt gegebene Reihenfolge der kosmischen Evolution der Elemente führte zur Betrachtung, ob es eine verstandesmäßig arrangierte Abfolge in den menschlichen Lautäquivalenten von Elementen und Ideen gäbe. Ich fing darauf an, die Urelemente der Sprache in ihre natürliche Ordnung zu bringen, von Kehllauten über

Zahn- und Lippenlaute, vom A, das man eben in der Kehle erkennt, zum M, während dessen Aussprache die Lippen geschlossen bleiben. Eine von Verstandeskräften geregelte Abfolge der Ideen wurde ersichtlich. Das ermutigte mich zu versuchen, die durch Intuition gefundene Übereinstimmungsreihe zu vervollständigen. Allerdings vermochte ich das nie. Einige Laute brachten es nicht fertig, sosehr ich auch darüber nachgrübelte, mir ihre geistige Verwandschaft nahezulegen, und ich kann nur von Teilentdeckungen berichten und angeben, wo sich Übereinstimmungen zwischen meinen Intuitionen über Sprache und den Urformen finden lassen und welche frühen Schriften Intuitionen enthalten, die meinen ähnlich sind.

Beim Versuch, die Verwandschaften von Laut und Gedanke festzumachen, nahm ich mir Buchstabe um Buchstabe vor, sann darüber nach, indem ich ihn immer wieder vor mich hinmurmelte, wobei ich scharf jede Wahrnehmung im Bewußtsein beobachtete, jede Farbe, Form oder Idee, die anscheinend durch die Äußerung aufstieg. Zweifellos hätte die geistige Gesundheit des Jungen, der vor mehr als dreißig Jahren nachts die Straßen entlangwanderte und mit der Ehrfurcht des Mystikers, der den unaussprechlichen Namen hersagt, Buchstaben murmelte, von jedem in Frage gestellt werden können, der wußte, daß er versuchte, die Stelle seiner arischen Vorfahren einzunehmen, um, wie sie es möglicherweise getan hatten, die ursprünglichen Benennungen für Erde, Luft, Wasser, Feuer, die Kräfte und Elemente der Natur, die sie überall umgaben, zu finden. So wie im Mythos in der Schöpfungsgeschichte Wesen vom ersten Menschen benannt wurden, so bat ich den himmlischen Menschen, für mich noch einmal die erste gesprochene Sprache neu zu sprechen und die Elemente zu benennen, wie sie von jenen benannt wurden, die zum Himmel hochblickten und das Wort für das himmlische Feuer aus gottgegebener Intuition heraus ausriefen.

Die Sprache der Götter

Falls ich jenen Bewohner von Geist und Seele richtig gedeutet habe, sind die wahren Wurzeln der Menschensprache Vokale und Konsonanten, wovon jeder einzelne mit Ideen, Kräften, Farben und Formen bzw. deren feinsten Abstraktionen, verwandt ist, die jedoch, zu Worten zusammengesetzt, komplexere Begriffe ausdrücken, auf die Art, wie Atome und Moleküle in der Verbindung die Gemische des Chemikers abgeben. Es ist schwierig, Einzelwörter von abstrakter Bedeutung zu finden, um die Ideen, die mit diesen Sprachrudimenten zusammenhängen, angemessen darzustellen. Jede Wurzel ist voller Bedeutung, ist das Symbol einer Kraft, die ihrerseits vielerlei Energien entströmen läßt, gleich dem uranfänglichen Sein, das sich, einmal in Erscheinung getreten, in zahllosen Formen, Energie- und Bewußtseinszuständen entfaltet. Die Wurzeln der Menschensprache sind Lautentsprechungen von Kräften, die durch ihre Verbindungen und Wechselwirkungen das Universum bilden. Der Geist des Menschen ist nach dem Bilde der Gottheit geschaffen, und die Sprachelemente sind mit dessen Kräften verwandt und dadurch mit dem Wesen der Überseele.

Von diesen echten Sprachwurzeln sind nur wenige vorhanden, da Alphabet und Wurzeln identisch sind. Die erste ist A, das Lautsymbol für das Ich im Menschen und die Gottheit im Kosmos. Seine Formentsprechung ist der Kreis ○. Die zweite ist R und steht für Bewegung. Die Farbentsprechung ist Rot, sein Formsymbol die Linie |.

Bewegung erzeugt Hitze, und die dritte Sprachwurzel, die der Reihe von den Kehl- und Lippenlauten folgt, ist H, die Lautentsprechung von Hitze. Sein Symbol ist das Dreieck △; es ist mit der Farbe Orange verwandt.

Bewegung und Hitze erzeugen das Feuer, dessen Lautentsprechung die Wurzel L ist, das als Form durch von einem Punkt ausstrahlenden Linien symbolisiert wird, wie in der Figur ⅄. L steht für Feuer, Licht oder Ausstrahlung, und in der Wurzelreihe kommt danach Y, das für die Reaktion in der Natur auf die Ausstrahlung von Energie steht. Es ist die Lautentsprechung für Zusammenhalt, Konzentrierung, Verdichtung. Die Materie im Kosmos gehorcht dem Gesetz der Schwerkraft und verdichtet sich zu Feuernebeln, bevor sie sich zu Sonne und Planeten verbindet. Die Farbaffinität ist Gelb. Im Menschen ist es Wille, der Energie bündelt und sie auf einen Brennpunkt ausrichtet, um seine Wünsche zu erfüllen. Das Formsymbol ist ♈ und stellt eine eindrehende Wirbel- oder Spiralbewegung dar, wodurch sie sich der in Wurzel L implizierten Ausdehnung oder Ausstrahlung entgegensetzt.

Die auf Y folgende Wurzel ist W, das Lautsymbol für den flüssigen Zustand oder Wasser. Seine Form ist der Halbmond ◡, und ich glaube, die Farbe ist Grün.

Wir sind nun auf die Erde hinuntergestiegen und dadurch tritt Dualität auf, so daß von da ab alle Wurzeln ein Gegenstück aufweisen. Die Ursubstanz hat ihren ätherischen Charakter verloren und hat sich in einen festen oder statischen Zustand begeben. Die zwei Wurzeln, die das ausdrücken, sind G und K; G ist das Symbol der Erde, K der Mineralien, Felsen, Kristalle oder Härte aller

Art. Ich konnte nicht mit Bestimmtheit eine Farbverwandtschaft für die beiden Wurzeln herausbekommen, und was die Formen anbetrifft, bin ich auch nicht sicher, obwohl ich dazu bewogen wurde, G mit dem Quadrat □ und K mit dem von der Diagonalen durchgezogenen Quadrat ◇ zu verbinden.

Die nächsten zwei Wurzeln in der Reihe sind S und Z, und ich kann keine besseren Begriffe finden, um die Bedeutung der ersteren anzuführen, als »Durchdringung«, »Einatmen«, »Beseelung«. In der Evolution haben wir das Stadium erreicht, wenn das eine Leben in Myriaden Leben ausbricht, ein Prozeß, der auf der Erde mit dem Entstehen der Zellen übereinstimmt. Z steht für die Vervielfältigung, Teilung oder Erzeugung von Organismen aus Organismen. Es handelt sich um das Ausatmen oder das Zurgeburtbringen des ausgesäten Samens. Das Formensymbol, meine ich, ist S ⊖ und von Z ⊕. Für keine von beiden fand ich Farbverwandschaften.

Die zweifache, nachfolgende Wurzel ist TH und SH. Die erste ist die Lautentsprechung für Wachstum, Ausdehnung oder Anschwellen. Das Gegenstück steht für den Zustand, in dem der Endpunkt des Wachstums in einer gewissen Form erreicht ist und deren Elemente verstreut oder aufgelöst werden. Im Pflanzenreich könnten uns Wachsen und Vergehen der Pflanzen zur Illustration dienen.

Nach diesen beiden kommt die Zweiheit T und D. Ich fand es sehr schwer, Worte zu finden, um die ihnen zugeordneten Abstraktionen auszudrücken. Jedoch, während des Meditierens über den beiden wurde ich, was T betrifft, fortwährend von der Idee des individuellen

Handelns, der Bewegung oder der Initiative verfolgt, und ich glaube, es hat mit dem Zustand zu tun, wenn Leben, abgetrennt von der alten, inneren Verbundenheit mit der Lebensquelle und in eine Form gezwängt, sich selbst als Ich zu betrachten beginnt, sich nach außen orientiert, die Dinge anfaßt und schmeckt, während D die Kehrseite davon darstellt, dessen Rückgang oder das Aufgesogenwerden nach innen in Stille, Schlaf, Unbeweglichkeit, Ruhe. Das Formensymbol von T ist +, und ◠ läßt mich mehr oder weniger deutlich auf das Symbol von D schließen.

Zwischen T und TH sowie D und SH besteht eine Entsprechung: T steht für die Eigenbewegung eines Dinges, während TH lediglich Wachstum und Expansion angeben; während D das eher subjektive Absinken in den Kräfteverfall anzeigt, so wie SH die äußere Auflösung eines Organismus in seine Bestandteile darstellt.

Was den Dualismus der Wurzeln J und TCH anbetrifft, ließ mich meine Intuition beim Entdecken von Wechselbeziehungen gänzlich im Stich, und als ich die Elemente in die richtige Abfolge gebracht und mich eifrig bemüht hatte, durch Verstand und Vernunft an die logische Bedeutung heranzukommen, welche diese beiden in der Lautreihe annehmen würden, konnte ich mich nie wirklich davon überzeugen, daß ich einer echten Verwandtschaft nahegekommen war, so daß ich sie links liegen lasse.

Die darauffolgenden Wurzeln sind V und F, wovon sich die erste auf das Leben im Wasser bezieht und alles, was schwimmt, während F mit dem verwandt ist, was in der Luft lebt und fliegt. Die Formsymbole betreffend hege ich meine Zweifel, aber an diesem Punkt setzten die Farbaffinitäten wieder ein, und Blau drängte sich mir als Entsprechung auf, während die Doppelwurzel P und B, die danach kommt, mit Indigo, dem Dunkelblau zusammenhängt.

Das Leben ist nun beim menschlichen Stadium angelangt, teilt sich in Geschlechter, und P ist das Lautsymbol für das männliche Leben oder die Vaterschaft, B für das weibliche und die Mutterschaft.

Die Folge schließt mit den Wurzeln N und M. Erstere drückt Kontinuität des Seins aus, Unsterblichkeit, wenn Sie wollen, während letztere, die bei geschlossenen Lippen gesprochen wird, Endgültigkeit bedeutet, Schluß, Begrenzung, das Ende oder den Tod der Dinge. Die Farbverwandschaft liegt bei Violett. Alles in allem gibt es einundzwanzig Konsonanten, die zusammen mit den Vokalen die göttlichen Sprachwurzeln ausmachen.

Der Versuch, die sieben von den Vokalen dargestellten Bewußtseinszustände voneinander zu trennen, bringt mich noch zur Verzweiflung. Wie soll ich den Unterschied klarmachen zwischen A, wo Bewußtsein in Mensch oder Kosmos sich zu manifestieren, zu äußern und abzugrenzen beginnt, und 0 0, wo Bewußtsein zu sich selbst zurückkehrt, ausbricht aus der Begrenzung der Form und erneut grenzenlos wird, oder E, wenn es Leidenschaften angenommen hat, oder I, wenn es egoistisch geworden ist, aktiv mit Verstandeskräften oder der Vernunft umgeht, oder O, wenn es sich auf Intuitionen abstützt. Unsere Psychologie gibt mir keine Benennungen für diese Zustände an die Hand, aber die Vokalwurzel vertritt immer das Bewußtsein, und in ihrer Verbindung mit der Konsonantenwurzel ändert oder begrenzt sich ihre Bedeutung, was sich wiederholt, wenn sie ihr vorausgeht oder folgt. Einst besaß ich eine vollständigere innere Übersicht über die Bedeutung des Ganzen, und möglicherweise hätte ich, wenn ich mich stärker konzentriert hätte, die Übereinstimmungen zwischen Ideen, Farben und Formen vollständiger erfaßt. Aber das Leben verlockt uns in zu viele Richtungen, und als ich jung war und auf der Höhe der Empfindungsfähigkeit und Intuition stand, sah ich die Wichtigkeit von dem, was ich zu tun versuchte, nicht ein. Dies hier ist meines Wissens die einzige wohldurchdachte Bemühung, die gemacht wurde, um den Wert der Intuition als geistig-seelische Kraft in Erfahrung zu bringen, indem man sie auf Gebiete anwendete, wo sich der Intellekt als nutzlos erwies, die durch Intuition erzielten Ergebnisse hingegen vom Verstand nachgeprüft werden konnten. Intuition ist eine Gabe, wovon viele mit Ehrfurcht sprechen, scheint jedoch kaum je bewußt hervorgerufen zu werden, und wenn sie Zeuge für jenen Wissenden im Menschen ist, dann muß man sie auch untersuchen und benützen wie jede andere Fähigkeit. Ich habe die innere Schau hinsichtlich mancher anderer Inhalte geübt, voll der inneren Überzeugung vom hohen Gehalt der auf diesem Weg gefundenen Wahrheit, aber dabei handelte es sich um Gegenstände des Bewußtseins, die ihrer Natur nach nicht leicht vom Verstand her anerkannt werden. Den auf die Sprache bezogenen Intuitionen ist bis zu einem gewissen Grad mit vernünftigen Argumenten beizukommen, und ich unterbreite sie anderen zur Begutachtung, denen das Studium von Literatur, Gelehrsamkeit und Sprache der antiken Schriftsteller besondere Autorität verleihen mag.

Intuitionen aus alten Zeiten

Sogar da, wo ich Gewißheit besaß, daß die Zuordnung von Element, Form und Farbe zu einer Wurzel richtig war, glaubte ich nie, daß dies die volle Reichweite der Affinitäten in unserem vielfältigen Wesen erschöpfe. Ich bin nur ein kleines Stück Wegs in mir selbst gegangen, spürte jedoch, daß größere Kräfte in uns auf ihre Entdekkung warteten, Kräfte, deren schattenhafte Säume über die Oberfläche des Bewußtseins dahinzittern, aber mit solch unmerklichen Bewegungen, daß wir sie unbenannt lassen. Die Wurzel, die ich mit dem Licht verbinde, stimmt möglicherweise auch mit einer anderen Macht überein, welche für die dunkle Gottheit des Seins dasselbe bedeutet wie Licht für die sichtbare Welt. Ich habe nie gemeint, daß alle Menschensprachen ihren Ursprung in einer auf Intuitionen gestützten Sprache nähmen. Es mag viele Anfänge gegeben haben in jener unerforschbaren Vorzeit. Aber ich glaube, daß eines oder vielleicht mehrere der früheren Völker, die spiritueller waren als der Rest, per Intuition daraufgestoßen wurden, während die anderen möglicherweise Sprache auf eine der von Biologen und Gelehrten vorgeschlagenen Art und Weise erwarben. Der Schutzgeist einiger Völker führt diese auf der Suche nach Licht nach innen, wie der Genius anderer sie nach außen führt. Ich stelle mir eine Gruppe von Ahnen vor, vom inneren Licht erleuchtet, ausgestattet mit den wesentlichen Segnungen, Jugend und der Fähigkeit zur Begeisterung, deren Wesenssaiten nicht wie die unseren ausgeleiert sind, deren gottgegebene Fähigkeiten nicht mißbraucht, noch immer hochgradig empfindsam waren, so daß sie jene geistigen Verwandtschaften und Ähnlichkeiten mit den Elementen fühlten, die die heilige Literatur der Arier kundtut, und diese Affinitäten aus einem inneren Impuls heraus benannten. Ich kann mir den nach außen drängenden Geist vorstellen, wie er sich aus Elementen, Farben, Formen und Lauten einen Spiegel fertigte, worinnen er, außerhalb seiner selbst, Symbole fände von allem, was in ihm eingeschlossen lag, und auf diese Weise Bewußtsein seiner selbst erlangen würde in der materiellen Natur, worin er sich verkörperte, die jedoch noch immer ein Abbild oder Schatten des göttlichen Originals war. Ich kann mir vorstellen, wie sie zum Feuer am Himmel hochsahen und »El« ausriefen, wenn es um das Licht ging, das sie verehrten, oder waren es Hitze und Licht zusammen, woran sie sich erfreuten, so nannten sie es »Hel«. Sahen sie Totes und erlebten es als Ruhe, Bewegungs- oder Atemstillstand, pflegten sie »Mor« zu sagen. Oder wenn Feuer auf Wasser einwirkte und es zum Kochen brachte, kombinierten sie instinktiv die Lautentsprechungen von Wasser und Feuer, wobei es zum Symbol »Wal« käme. Wurde das Feuer des Lebens im Körper entfacht, um seine eigene Gattung hervorzubringen, käme das Symbol »Lub« heraus. Wurde die Axt zum Fällen benützt, gäbe ihre Härte den Anstoß zur harten oder metallenen Klangverwandtschaft, und »Ak« würde bedeuten »schneiden«, »durchdringen«. Eine Sinnerweiterung nach der anderen ließe schnell den Bedeutungsreichtum anwachsen, und Neuverbindungen von Wurzeln die Ausdruckskraft. Die Wurzel »M« mit der Bedeutung von Endgültigkeit legte »Mi«, vermindern« nahe, und da »messen« so viel heißt, wie bis ans Ende einer Sache gehen, erhielte »Ma« auch die Bedeutung von »messen«, und da etwas denken eine Sache abmessen meint, ließe sich »Ma« auch dem Denken zuordnen. Ich hatte nahezu alle meine Entsprechungen geistig gegenwärtig, bevor ich mich bei Freunden, die darin bewanderter sind als ich, nach den angeblichen Ursprüngen der Menschensprache erkundigte und in welchen Büchern ich, was immer davon bekannt sei, nachlesen könne. Und dann stieß ich auf die arischen Wurzeln, und dort, so glaubte ich und glaube es noch immer, lassen sich viele Belege finden, die meine Intuitionen bestätigen. Auf den, der nicht den Anspruch darauf erhebt, ein Sprachwissenschaftler zu sein, lauern Fallstricke bei dem Versuch, Wörter zu ihrem Ursprung zurückzuführen. Es ist eine Arbeit für die Zukunft, zusammen mit einem Gelehrteren, als ich es bin, diese Intuitionen hinsichtlich der Wurzeln zu klären und stärker auf die psychologischen Vorgänge einzugehen, die zur raschen Bedeutungserweiterung führten, bis hin zur Entstehung von Wörtern, die auf den ersten Blick keine Beziehung zu den Wurzelwerten zu haben scheinen. Ich glaube noch immer, daß ich in den arischen Wurzeln göttliche Intelligenz erkennen kann, die sich ihrer selbst entringt, um ihre eigenen Verwandtschaften im Laut zu erkennen. Ich möchte hier aber nur Hinweise und Richtungen für die Hinwendung an den göttlichen Gedankengrund geben, dessen Siegel uns in allem aufgeprägt und dessen Erhabenheit im geringsten Gegenstand in der Natur anwesend ist. Ich habe genügend geschrieben, um jene, die wißbegierig ihre Intuitionen oder analytischen Fähigkeiten im Verein mit ihrer Gelehrsamkeit ausüben wollen, zu befähigen, den Wert meiner Intuitionen zu überprüfen. Intuition muß bei diesen Übereinstimmungen mitverwendet werden, denn das Geschick, sie zu entdecken, ist nicht gänzlich mit dem Intellekt aufzuspüren. Ich hoffe auch, daß meine

Teilerläuterungen von anderen vervollständigt, korrigiert und verifiziert werden. Eine zweite mögliche Ermittlungsrichtung ist das Studium einiger Ordnungssysteme ursprünglicher Alphabete wie dem von Forster zusammengestellten. Nachdem man die Buchstaben in die natürliche Abfolge vom Kehl- zum Lippenlaut gebracht hat, schlage ich vor nachzusehen, ob nicht allerhand zu finden wäre, das uns als möglich annehmen ließe, daß ein ursprüngliches Alphabet existierte, wobei die Formäquivalente der Laute sich geordnet vom Kreis über die Linie, das Dreieck und die anderen von mir angegebenen Formen entwickelten. Vielleicht wurden die wahren Korrespondenzen von den Weisesten als esoterisches Geheimnis zurückbehalten, weil in ihnen möglicherweise der Schlüssel zu Mysterien lag, die nur vielfach Geprüften anvertraut werden durften, bevor das Geheimnis zur Nutzung der Kräfte enthüllt wurde. Und wiederum möchte ich auf das Studium jener Wissenschaft von den göttlichen Entsprechungen in der mystischen indischen Literatur hinweisen. Die dort angegebenen Übereinstimmungen von Formen, Farben oder Kräften mit Buchstaben decken sich nicht immer mit meinen eigenen. Manchmal finde ich Zustimmung, wie in der *Bhagavadgita*[11], wo Krishna, das Ich des in Erscheinung getretenen Universums, spricht: »Ich bin das A unter den Buchstaben.« In anderen Werken, wie dem *Shivagama*, kommt es teilweise zur Übereinstimmung, wenn es beispielsweise heißt: »Versenke dich in die Feuerkraft mit R als ihrem Symbol, als Dreieck und Rot«. Farbe und Buchstabe sind hier in Einklang mit meinen eigenen Intuitio-

---

11 *Bhagavadgita*: religiös-philosophisches Lehrgedicht aus dem indischen Volksepos *Mahabharata*.

nen, die Form jedoch nicht, und ich bin eher geneigt, meiner eigenen inneren Schau Glauben zu schenken, denn ich finde in so vielen frühen Alphabeten das Formensymbol für R als aus dem Kreis kommende Linie. Der Wasserkraft wird im selben Buch als Entsprechung eine Halbkreisform gegeben, aber als Lautsymbol erhält sie ein V, nicht ein W. Die Erdkraft ist, wie ich mir vorstellte, ein Quadrat, die Farbe jedoch Gelb. Ich habe die Konsonanten, die in solchen Büchern mit dem Nervensystem in Verbindung gebracht werden, nicht untersucht. Zweifellos wurden in ferner Vorzeit die Sprachwurzeln als heilig betrachtet, und beim Intonieren war jeder Buchstabe darauf ausgerichtet, feinste Kraftströme im Körper in Bewegung zu setzen oder hervorzurufen. Wie wir wissen, versetzt die Verbindung von Wort und Ton das Nervensystem in Erregung, und das gilt besonders für Musikliebhaber und Menschen, deren reine gefühlsmäßige Empfindungsfähigkeit nie durch Übermaß abgestumpft worden ist. Ein intoniertes oder gesungenes Wort läßt Flammen im Körper hochspringen, wie Hunde, welche hören, wie sie der Herr beim Namen ruft, und für jene, deren Streben himmelwärts ihr Wesen geläutert hat, kommt endlich auch der Augenblick, wenn beim Ausrufen des unaussprechlichen Namens der heilige Atem aufsteigt, wie eine Flamme, und der Schattenmensch hervortritt, um eins zu werden mit dem Ur-Ich.

Augenfällig ist an jener alten Literatur der Glaube an einen vollständigen Entsprechungskreis zwischen jedem Wurzellaut in der menschlichen Stimme und Elementen, Formen und Farben und daß das Alphabet sakralen Charakter trug. Intuitionen, welche moderne Psychologen als Beweis von Dekadenz betrachten, sind bereits in der

Literatur der Vorzeit vorhanden. Manchmal sind die Zuordnungen dieselben wie bei mir; manchmal weichen sie voneinander ab, legen jedoch dieselbe Theorie von einer Harmonie zwischen Mikrokosmos und Makrokosmos nahe, und diese wird dahin ausgeführt, daß jedes Zentrum im Körper nach einer göttlichen Macht benannt ist. Nur durch eine spirituelle Wissenschaft können wir wiederum die Identität finden, diese Affinitäten erneuern und bewußt machen. Das Leben hielt andere Arbeiten für mich bereit, denen ich nicht entrinnen konnte, und die Muße, worin ich die Bande zwischen mir und dem Urwesen wiederum knüpfen konnte, war kurz bemessen. Während ich jedoch noch Freizeit genoß, erlebte ich diese Umschmelzungsprozesse vom Äußeren zur erfaßbaren Bedeutung. Die Form einer Blume, über die ich lange nachgesonnen hatte, verwandelte sich dann jeweils in Energien, und diese lösten sich schließlich in Bewußtseinszustände auf, die ich verstand, während ich sie erlebte, die vom Normal-Alltäglichen jedoch zu weit entfernt waren, um sie in Worte zu fassen. Möglicherweise bin ich für einen Augenblick in den Garten des göttlichen Gedankengrundes hineingewandert, wo Er, wie es in der Schöpfungsgeschichte heißt, »allerlei Bäume auf dem Felde, die zuvor nie gewesen waren auf Erden, und allerlei Kraut auf dem Felde, das zuvor nie gewachsen war«, erschuf. Daß es mir nicht gelang, Worte zu finden, um auszudrücken, was ich erlebte, veranlaßte mich dazu, mich noch stärker auf den Zusammenhang von Form und Farbe und Bewußtsein zu konzentrieren. Die Botschaft der Natur ist jedoch wichtiger als die Symbole, die benützt werden, um sie zu übermitteln, und wichtiger als ihre Analyse. Indem ich die Korrespondenzen ausführlich beschreibe, komme ich mir vor wie einer, der Shelleys

»Pans Hymne« liest und den ganzen Gefühlsrausch darinnen ignorierend, nur von Rechtschreibung und Versmaß spräche. Weswegen erwähne ich dies? Die Werke des Magiers des Schönen sind nicht wie die unsrigen, und im kleinsten Bruchstück ist sein künstlerisches Wesen in nicht geringerem Maße vertreten als in den Sternen. Wir können durch das Unbedeutende ins Unendliche eingehen, genauso wie durch die Betrachtung des Unermeßlichen. Ich dachte in jenem frühen ekstatischen Lebensabschnitt, als ich herausfand, wie nahe uns der König in all seiner Herrlichkeit ist, daß ich die wunderbare Schrift auf der Leinwand der Natur lesen lernen und sie anderen beibringen könnte, wie ein Kind sein Abc unter Schwierigkeiten lernt, nach einiger Zeit jedoch einen Sprung macht und die Buchstabenverbindungen begreift, und später, ohne sich um Buchstaben und Wörter zu kümmern, den Gedanken verfolgt. Auf diese Weise, meinte ich, könnten die Buchstaben des göttlichen Wortes uns beigebracht werden, wobei der Menschengeist durch Intuition den Sprung zum Gedanken an das Geistige machen würde, das sich hier aussprach. Trotz all dieser großangelegten Ambitionen habe ich nicht einmal ein vollständiges Alphabet zum Vorzeigen, geschweige denn eine einzige Veranschaulichung, wie die Buchstaben der Natur in ihren myriadenhaften Feinheiten an Form, Farbe, Laut in der Welt, worin wir leben, zu lesen sind. Aber ich glaube, daß die Seher zum Sehvermögen kamen und daß wir es alle einmal erreichen werden. Und, wie es im »Göttlichen Schafhirten« von Hermes heißt, wird es uns von überall her entgegenkommen, offenkundig und deutlich, im Gehen oder Stehen, im Wachen oder Schlafen, »denn es ist nichts, was nicht Gottes Bild wäre«.

Kraft

Ich habe von Willensschulung gesprochen, habe aber weder auf die Kraftquelle in unserem Wesen hingewiesen, noch mich über die Augenblicke verbreitet, in denen wir eine titanische Tatkraft in uns schlummern spüren, die bereit ist, unserem Ruf Folge zu leisten, wie der Hausgeist dem des Zauberers. Haben wir keine Kraft, sind wir nichts und bleiben vom Himmel ausgeschlossen. Wir müssen so vollkommen sein wie der Vater. Wenn im Wesen der Urväter ebensoviel Kraft liegt wie Weisheit und Schönheit, dann müssen wir uns diesem Wesen angleichen, teilnehmen an seiner Macht, soweit es unsere Natur erlaubt, sonst können wir niemals darin aufgehen. Das Königreich wird mit Gewalt eingenommen. Je leichter das Leben in unserer Zivilisation wird, je weiter wir von der Natur entfernt sind, desto stärker ziehen sich die Kräfte von den meisten von uns zurück. Sie verebben bei allen außer jenen, die nie im Willen nachlassen, sondern ihn Stunde um Stunde angespannt halten. Wir beginnen sogar, den Kraftvollen zu fürchten, denn wir spüren, wie unwirklich Schönheit und Weisheit angesichts von Kraft werden, und in der Tat gibt es keine wahre Schönheit oder Weisheit, die sich nicht mit Stärke paart. Auf einen, der den Willen in sich entwickelt, kommen Tausende, die den Intellekt hochzüchten oder dem Schönen nachlaufen, und das deswegen, weil die Verstandeskräfte leicht auf planiertem Boden einherspazieren können, während anfangs jede Willensübung so mühselig ist wie der Klimmzug für einen, der aus dem Abgrund hochklettert. Wenige sind es, die kräftemäßig jenen Höhepunkt erreichen, an dem der Wille zum inneren Quell wird, der immerzu aus sich heraus hochschießt, und die so fühlen wie Gebirgsfreunde, die wissen, daß es leichter ist, auf den Bergeshöhen zu wandern als auf den geraden Straßen im Tal. Weil in unserem geordneten Leben fortwährend die Kräfte verrinnen, bricht die Natur, die ein Vakuum in unserem Wesen verabscheut, ständig unsere Zivilisation durch Krieg oder innere Konflikte auseinander, so daß wir, unserer Bequemlichkeit entkleidet, in der Schlacht, durch Kampf oder Aufopferung, wieder an Kräften wachsen sollen, und dies muß so weitergehen, bis wir die königliche Straße beschreiten und in unserem Wesen Kräfte entwickeln, wie wir Schönheit und Intellekt entwickeln. Jene, die die höchsten Kräfte in sich tragen, die Wundertäter, die Buddha- und Christusverkörperungen, sind auch Lehrer des Friedens, was sie wohl auch sein können, haben sie doch die Herrschaft über das Feuer erlangt. Da es so mühsam ist, den Willen zu entwickeln, finden wir in der Literatur endlose Untersuchungen von Leidenschaft und Gedankengängen, kaum je aber jemanden, der so schreibt, als fühlte er die Kräfte im Körper hochzüngeln, während die sich drängenden Gedanken in seinem Gehirn aufschießen. Ich habe nie vermocht, die Harmonie der Kräfte zu erkennen, die in Nervenzentren oder Nervengeflecht schlummern, von denen die Alten als den Einwohnern des Körperhauses sprachen, oder ihre Funktionen auseinanderzuhalten. Aber nach langem Bemühen um Konzentration und Willensbeherrschung begann ich, anfänglich das Aufbrennen der Feuer zu spüren, und zuweilen stellte sich zum Teil die Wahrnehmung der Beziehung dieser Kräfte zu Zentren im psychischen Körper ein. Ich konnte sie in mir selbst fühlen und sie manchmal sehen oder ihre

Schwingung oder ihr Licht um andere Gefährten auf der Suche nach diesem Wissen, so daß es schien, als strahle der Körper eines kraftvollen Menschen von Kopf oder Herz nach allen Seiten Licht aus; oder daß von innen heraus Feuerfahnen über das Haupt hochstiegen, Erscheinungen wie Feuerflügel, Feuerbüsche oder -federn oder drachenhafte Kämme in allen Farben. Einst, auf dem Höhepunkt intensivster Meditation, erweckte ich selbst in mir das Feuer, wovon die Alten schrieben, und es lief wie ein Blitz die Wirbelsäule entlang und brachte mit seiner Wucht meinen Körper zum Schwanken, und mir kam es vor, als stünde ich in einer Feuerfontäne: feuriges Rauschen, wie von Flügeln, kreiste um meinen Kopf, begleitet von einem wohlklingenden Ton, dem Zusammenschlagen von Zymbeln nicht unähnlich, bei jeder Schwingung; wäre ich der alten Weisheit eingedenk gewesen, hätte ich das Auge öffnen können, welches die Unendlichkeit durchforscht. Aber ich erinnerte mich nur, halb im Schrecken über die Kräfte, die ich aufgeweckt hatte, an die aus der falschen Verwendung dieser Energien entstehenden Gefahren, denn solcherart war die Wahrnehmung geballter Kraft, daß ich mir vorkam, als hätte ich das Siegel eines kosmischen Springbrunnens erbrochen, weswegen ich in Betrachtung verharrte und die Lenkung des Feuers nicht entschlossen in die Hand nahm. Tatsächlich ist das Entfachen dieses Feuers voller Gefahren; wehe dem, der es entzündet, bevor er sein Wesen bis zur Selbstlosigkeit geläutert hat, denn dann wird es sich nach unten wenden und seltsame Anfälle von Raserei und unauslöschlichen Begierden auslösen. Das Gegen-die-Erde-Wenden dieser himmelsgeborenen Kräfte ist die Sünde gegen den heiligen Atem, denn das Feuer, das uns in der ekstatischen Betrachtung des Göttlichen anspringt, ist der heilige Atem, die Kraft, die uns von der Erde zum Himmel tragen kann. Der Mensch erfährt sie gewöhnlich nur in der Fortplanzung, ihre höheren und mächtigeren Verwendungen sind ihm jedoch unbekannt. Obwohl es in unseren Schriften heißt, daß sie dem einen seherische Fähigkeiten oder das Wahrnehmen der Geisterwelt verleiht, einem anderen Dichterqualitäten oder Beredsamkeit, einem dritten Heiler- oder Zauberkräfte, bleibt sie für die meisten Menschen ein Theologenmärchen und wird von keinem unserer Psychologen erwähnt, obwohl sie der Quell ist, woraus alle anderen Kräfte im Körper hervorgehen, und obwohl sie alle unsere Fähigkeiten nährt. Normalerweise empfand ich diese Kraft in mir nicht als titanisches Hochlodern, als wolle sie den Himmel stürmen, sondern als ein stetes Licht im Gehirn, »das Licht auf der Stirne«, und es zeigte sich im Gedankenrausch oder in Sprachgewalt und in fortwährend aus mir hochwallenden intellektuellen Energien, Sehvermögen und Vorstellungskräften. Sie ist die Eingebung des Dichters und Musikers. Wie es eins der alten Bücher faßt: »Der Illuminator inspiriert den Dichter, den Goldschmied, den Ziselierer und alle, die in den Künsten arbeiten.« Sie ist Prometheus' Feuer, und nur über die Beherrschung dieser Kräfte wird der Mensch befähigt, zum angestammten Paradies aufzusteigen. Immer wieder möchte ich alle warnen, die von der Gefahr lesen, sie zu erwecken, und immer wieder möchte ich betonen, daß wir ohne diese Kraft wie ein Nichts sind. Wir werden nie den Himmel stürmen, und die Religionen, auch wenn sie noch so heilig sind, werden uns nie ein Tor öffnen, es sei denn, wir seien aus eigener Machtfülle fähig, es selbst aufzureißen und einzutreten als der starke Geist, der sich nicht abweisen läßt. Diese Kraft könnte uns über sich selbst zurufen:

Meine Verwandten sind sie, Schönheit, Weisheit, Liebe;
Außer mir vermag keiner den Klimmzug zu wagen
Zum angestammten Licht, das da oben leuchtet,
    Die Lichter gespiegelt in Zeit.

König war ich und Feind in längst vergangenen Tagen.
Keiner entkommt mir. Der Feind bin ich, bis
Für den Menschengeist schließlich geschmiedet ist
    Der nicht zu erschütternde Wille.

Furcht, ich zerreiß dich. Liebe, ich mache dich stark.
Verbind mit meiner Kraft das Schöne und Weise
Hervor gehen wir, Titanenschar,
    Erstürmen Sein Paradies.

Das Gedächtnis des Geistes

Hy Brazil und *Ildathach*[12] sind die Länder der unsterblichen Jugend, welche mit Zauber die Träume der Kindheit überfluten, denn die meisten sinken bald weit unter den Horizont und kommen nicht wieder hoch. Denn um die Kindheit versammeln sich die Hexenmeister der Finsternis, taufen sie und verändern deren Ansicht über sich selbst, wie in arabischen Zaubergeschichten Menschen von Zauberern verzaubert wurden, mit dem Ausruf: »Sei Tier oder Vogel.« So wird durch die schwarze Kunst der Verschulung die Vorstellung des Lebens über sich selbst umgekrempelt, und einer glaubt dann, daß er in den Augen des Himmels ein Wurm sei, er, der nichts anderes ist als ein Gott im Exil, und ein anderes von des Königs Kindern meint, es stamme von Tieren ab. In welchen Palästen sie ihren Ursprung nahmen, von welchen Herrschaftsgebieten sie die rechtmäßigen Erben sind, das wird ihnen verheimlicht, wie im Märchen, wo der geraubte Prinz unerkannt unter den Schweinehirten lebt. Zu gewissen Zeiten jedoch, an die sich die Menschen nicht erinnern, im Traum oder im tiefen Schlaf, tragen sie noch immer Zepter und Krone und nehmen am Festmahl der Götter teil. Die Götter leben noch immer. Es sind unsere Brüder. Sie warten auf uns. Sie winken uns, zu ihnen hochzukommen und uns auf gleichhohen Thronen niederzulassen. Jenen, die romantische Geschichten mit

12 *Hy Brazil, Ildathach*: zwei der vielen Namen, unter denen die inselkeltische Anderswelt, eine Art heidnisches Paradies, bekannt ist.

Mißbilligung betrachten, möchte ich sagen: Sie sind ja selbst so eine. Sie sind der verlorene Prinz, der unerkannt die Schweine hütet. Die Romanze Ihres Geistes ist die wunderbarste Geschichte von allen. Ihre Fahrten sind großartiger als diejenigen des Odysseus. Sie waren einst ein Paradiesvogel, frei von körperlicher Schwere, und Sie sind verstoßen worden, verloren Ihre Flügel, hockten sich unter den Felsen zusammen, am Himmel verzweifelnd. Wenn Sie nur die innere Sicht erwecken wollen, dann werden *Hy Brazil*, *Ildathach*, alle Länder der ewigen Jugend für Sie von neuem erstehen, und zwar nicht mehr als Phantasiegebilde, sondern in kräftig leuchtender Wirklichkeit. Die Erde wird für Sie wieder so zauberhaft und frisch wie ehedem. Sie werden berauscht sein von soviel Schönem. Möglicherweise sehen Sie das Feuerauge des Zyklopen über die Berge wandern und hören, wie der Schellenzweig geschüttelt wird, der Ton, der den Geist nach Hause zitiert. Durch langes Nachdenken bin ich darauf gekommen, an die Ewigkeit des Geistes zu glauben und daß er vielerlei Sphären bewohnt, denn sonst weiß ich nicht, wie ich für mich selbst die Myriaden Bilder erklären kann, die als Erinnerungen oder Vorstellungen damit verhaftet sind, ihm in den Körper nachfolgen wie Zugvögel ihrem Anführer. Schaue ich auf das andere Leben zurück, welches dieses hier zu beherrschen begann, so gibt es tausend Dinge, die ich nicht verstehe, es sei denn, daß ich glaube, daß es für mich und für uns alle das ewige Dasein gibt und daß uns viele Sphären offenstehen. Wenn diese Bilder nicht erdgeboren sind, von welcher Region, Elfenland, Himmels- oder Gotteswelt stammen sie denn? Ich habe nur ein paar von vielen Bildern ausgewählt, um zu erklären, warum ich meine, daß unsere Träume und Visionen oft in aller Vollständigkeit aus anderen Seinssphären in die unsrige gelangen und nicht aus auf dieser Erde durchlebten Erinnerungen zusammengesetzt sind. Schaue ich auf dieses andere Leben zurück, durch lange Korridore der Erinnerung, sehe ich, wie in die Bilder dieser Welt Gestalten aus ich weiß nicht wie früher Vorzeit hereinbrechen. Ich wandere aus fremden Städten in Juwelenglanz und Düsternis des Abends eingetaucht oder segle auf Galeeren über die Silberwellen des klassischen Ozeans. Ich lasse mich in Zelten nieder oder in Palastgemächern, fahre weit herum in Streitwagen, meditiere in zyklopenhaften Gebäuden, bin ein Verehrer der Erdgötter auf den Bergen, liege in schlafähnlicher Entrückung in ägyptischen Grüften oder eile nackt durch die langen, sonnenbeschienenen Gräser der Prärien. Endlos geht die Prozession wechselnder Gestalten zurück in weit entfernte, vergangene Zeiten der Welt. Wie kommen solche Auffassungen vom Ich zustande? Wie kleiden sie sich in den Glanz alter Zivilisationen? Wenn, als ich sie wahrnahm, sie das Neueste in der Welt waren und die Bilder in jenem Augenblick von der Vorstellungskraft geprägt wurden, aus welchem Schatzhaus der Formgebung stammten dann die passende Szenerie, die immer wieder anderen Gebäude, Gewänder und Schauplätze, Wald, Ebene, Berge? Sind sie nicht eher, so frage ich mich, Erinnerungen des oftmals inkarnierten Geistes? Falls dem so ist, so frage ich mich wiederum, besteht denn nur auf Erden diese lange Ahnenkette des Ich? Denn in mir wohnt noch ein Ich, welches wohl keine Kenntnis von der Welt hatte, sondern sich dem lauschenden körperlichen Leben in kosmischen Mythen mitteilte, in weit zurückliegenden Legenden von den Söhnen der Dunkelheit und des Lichtes und dem Aufstand gegen den Himmel. Und ein weiteres Ich schien Gesichte oder

Erinnerung von Elementarwesen mitzubringen, den schimmernden Wesen aus Wasser und Wald, oder solchen, die in schillernden Farben aus den Felsen ausbrechen oder unter massigen Hügeln hofhalten. Und da gab es noch ein Ich, das mit der düsteren Welt der Schatten verwandt war, aber schaudernd vor ihnen zurückwich. Und noch ein Ich war auf der Suche nach Weisheit, und alle anderen Ichs mit ihrer Einsicht und ihren Erinnerungen waren bloß Zuflüsse davon. Die Pforten des Schlafes waren oft umlagert von flüchtigen, geisterhaften Wesen, wenn ich ins Unterbewußte sank oder beim Erwachen ausgestoßen wurde aus dem innersten Sein, und nur für einen Moment konnte ich einen Blick in die Tiefe zurücktun, und zuweilen erschien das der Vorstellung wie das Tor zu Eden:

Von schrecklichen Gesichtern umdrängt und feurigen Waffen.

Aus welcher Sphäre kam jenes größere und mächtigere Wesen als ein Mensch, dessen Körper aus Flammen getrieben schien, dessen Augen mit der Ruhe eines Unsterblichen blickten und der so aussah, als blicke er mich aus der Ewigkeit heraus an, als ich nachts erwachte. Es war so hoch, über die Menschen erhaben, daß ich mir selbst als weniger als ein Insekt vorkam, obwohl etwas in mir es als Bruder begrüßte, und ich wußte nicht, war ich nun von seiner Höhe heruntergestürzt oder sein verlorener Kamerad, der weit in der Zeit hinterher hinkt, der ein gleichgestellter Gefährte hätte sein sollen, jedoch zu schwach war, um sich zu solcher Majestät zu erheben. Ich weiß, daß ich nicht allein mit solchen Imaginationen bin, denn wenige sind es, deren zielstrebiger Wille den Himmel zu erobern sucht und die nicht mit Botschaften der Götter abgefangen werden, die diese schattenhafte

Schönheit entspringen lassen und die, glaube ich, wir selbst sind, jenseits der Täuschung von Zeit und Raum, die uns verzaubert hält. Ich habe mit anderen gesprochen, Suchern wie ich auf diesem Pfad, und erkenne, daß Schau und Erfahrung übereinstimmen. Aber ich habe nicht vermocht, auf jedes geistige Bild die Gedanken zu verwenden, die seine Bedeutung oder seinen Ursprung verständlich machen würden. Wir bringen das nicht zustande bei den Gestalten, die wir die ganze Zeit in der sichtbaren Natur herumlaufen sehen, denn wir gehen an ihnen vorbei, indem wir nur über einige wenige ernsthaft nachdenken. Aber unsere Psychologie muß jedes Seelenerlebnis in Betracht ziehen. Ich habe bei den modernen Philosophen keine Erklärung für meine eigenen Erfahrungen gefunden, und ich glaube, das rührt von einer Überentwicklung des Intellekts her und daß wenige das Sehervermögen gepflegt haben, und ohne das besitzen wir keine Daten aus erster Hand für fruchtbare Spekulationen. Wir finden kaum philosophische Schriftsteller, die eigene Seherfähigkeiten erwähnen, wir jedoch nehmen sie als Führer auf unseren geistigen Reisen, obwohl wir auf dieser Welt alle vorzögen, Kenntnis über Erde und Himmel durch die Augen eines Kindes zu erlangen, anstatt sie nur durch die Überlegungen eines Blinden zu kennen, sogar wenn sein Intellekt so mächtig ist wie derjenige von Kant.

Nur wenn ich mich der Literatur über Vision und Intuition zuwende, den heiligen Büchern und halbheiligen Überlieferungen, den Dichtern und Propheten, finde ich eine großartige Auffassung von der Natur, die allen geistigen Erfahrungen gerecht wird. Ich habe das Paradies nicht betreten, das sie betreten haben, aber das wenige, das ich weiß, findet seinen Platz im Universum ihrer geistigen Schau. Ob Syrier, Griechen, Ägypter oder Hindus, die Schreiber der heiligen Bücher kommen mir vor wie Menschen, die alle dieselbe erhabene Vision hatten und alle von derselben Gottheit berichteten. Sogar in unseren eigenen gälischen Wundergeschichten finde ich oft eine Vision, die, meine ich, authentisch ist, und wir können, wie ich glaube, von diesen Reisen in die Himmelswelt mehr über die Geographie des Geistes und die vielen Wohnungen im Wesen des Vaters lernen als von den größten unserer gesichtslosen Philosophen. Die Erd-, Himmels- und Gotteswelt, wovon die indischen Schriften sprechen, sind Welten, die unsere gälischen Vorfahren ebenfalls kannten. Wenn Cormac die Himmelswelt betritt und von deren Einwohnern gesagt bekommt: »Wenn immer wir uns vorstellen, daß die Felder bestellt werden sollen, so werden sie bestellt. Wenn immer wir uns vorstellen, daß die Felder abgeerntet werden sollen, so werden sie abgeerntet«, sieht er dieselbe Welt wie der Seher, der in den wunderbaren *Upanischaden* schrieb: »Dort gibt es keine Wagen oder Straßen für Wagen. Die Seele schafft sich Wagen und Straßen für Wagen. Dort gibt es keine Vergnügen und Freuden. Die Seele schafft sich selbst Vergnügen und Freuden. Denn der Menschengeist ist der Schöpfer.« Die Visionäre der Zukunft werden die Visionäre der Vergangenheit letztlich rechtfertigen. Ich habe nicht das Gefühl, daß mein Wissen dafür ausreicht, und brachte es auch nicht zustande, von einem Leben, das von anderen Arbeiten in Anspruch genommen wurde, genügend Zeit abzustehlen, um das wenige, das ich weiß, aufs beste zu nützen. Ich möchte meine Vorgänger in Irland in Schutz nehmen und meine Gesichte und diejenige meiner Freunde mit den Visionen derer in Verbindung bringen, die vor uns dahingingen, denn ich glaube, wenn wir die Vergangenheit zusammen mit ihren Visionen ablegen, sind wir wie Menschen, die, nachdem sie einen Berg zur Hälfte erklommen haben, sich törichterweise entschließen, den Aufstieg an der anderen Seite zu versuchen und so ständig die errungene Höhe verlieren. Unsere gälischen Vorfahren besaßen prophetische Gaben, und ich habe einmal daran gedacht, aus der alten Literatur ihre Sicht des Universums zu rekonstruieren, eine Arbeit, welche von jedem unternommen werden könnte, der eigene Visionen hat und in religionsvergleichenden Studien der Vergangenheit versiert ist, um solcherart jenen, die heute hier leben, die Gedankenwelt ihrer Vorväter verständlich zu machen und sie zu befähigen, von neuem mit der Meditation dem Göttlichen entgegen zu beginnen, die in unserer unglücklichen Geschichte so oft unterbrochen wurde. Alle Literatur tendiert dazu, durch die Gedankenentwicklung der höchsten Geister, die aufeinander aufbauen, ein heiliges Buch hervorzubringen. Eine durchgehend derart vorstellungsreiche, visionäre und schöne Literatur wie die gälische würde zweifellos ihren Höhepunkt in einer glanzvollen Äußerung des Geistes gefunden haben, wenn das Leben nicht durch beständige Einwanderungswellen aus den Tiefen des Mittelpunktes an die Oberfläche gezogen worden wäre. Ich glaube, daß die Meditation einen neuen Anlauf nimmt und daß die Kräfte, die den Vorfahren gegenwärtig waren, ihre Herrschaft über den Geist wieder festigen. Zu manchen kommt eine Vision erschreckend, blitzartig, andere spüren, wie eine Hand der Stärke sie aus einer verborgenen Welt berührt. Ob sie es wissen oder nicht, sie sind die Diener von Göttern, die durch sie sprechen oder handeln und sie zu Boten ihres Willens machen. Ich habe einige meiner eigenen Gedanken und Erfahrungen niedergeschrieben, was andere zum Glauben ermutigen möge, daß sie durch Imagination an die Wahrheit herankommen können; und da etwas geschrieben werden muß über die Geographie des Geistes als Führer für jene, die sich durch Meditation innerlich erheben, will ich kurz versuchen, die keltische Sicht von Himmel und Erde nachzubilden, wie ich glaube, daß sie die Druiden und bardischen Seher kannten. Keiner, der auf Autoritäten versessen ist, braucht zu lesen, was ich geschrieben habe, denn ich werde keine anführen. Wenn der Leser im Innersten nicht überzeugt ist, daß er tatsächlich Wahrheit erfährt, wird er sich nicht überzeugen lassen, auch wenn ein Whitley Stokes[13] sich erhöbe, um das Geschriebene zu beglaubigen. Andere mögen sie gelten lassen, als romantische Erfindung oder Zuschreibung göttlicher Kräfte zu gewissen Namen, um das Durcheinander der keltischen Mythologie leicht verständlich zu machen.

13 Whitley Stokes (1830–1909): Keltologe, Sammler, Übersetzer und Herausgeber keltischer Manuskripte.

Die keltische Weltentstehungslehre

Am Anfang war der grenzenlose Lir, ein unendliches Meer, eine unsichtbare Gottheit, weder finster noch licht, in dem alles lag, das Vergangene und das Zukünftige. Da, an der Neige des göttlichen Tages, wo die Zeit stillsteht und die Nüsse des Wissens geerntet sind, nehmen die Götter am Festmahl der Ewigkeit teil und trinken von einer geheimen Quelle. Ihr Sein dort spielt sich weder als Leben noch als Tod, Schlaf oder Traum ab, sondern alles ist wunderbar ineinander verwoben. Sie liegen in Lirs Schoß, geborgen in demselben Frieden, sie, die sich in der Zukunft in Liebe oder Haß begegnen werden. Der große Vater und die Göttermutter vermischen sich, und Himmel und Erde gehen ineinander auf, sind eins im unendlichen Lir.

Von Lir läßt sich wenig mit Sicherheit sagen, und darüber hinaus kann nichts ermittelt werden. Nur in Trance könnte der Seher über seine bisher endgültige Sicht hinausgehen und diese Wesenheit erahnen. Sie ist ein Atem vieler Stimmen, der nicht in einem Ton sprechen kann, sondern sich in der Vielheit äußert. Sie geht über die Götter hinaus, und sollten diese das offenbaren wollen, könnte es nur geschehen, indem sie hinwegschieden und zum uranfänglichen Schweigen zurückkehrten. Aber sie gibt den Grund ab, woraus der heilige Haselbusch entspringt, dessen Zweige die Götter sind; und wie die mystische Nacht dem Morgen entgegenzittert, sprießen seine Blätter, Blüten und sternförmigen Früchte gleichzeitig und fallen über die Wasser des Raumes. Ein Bild vom Zukünftigen ist in der göttlichen Vorstellung entstanden: Und Sinan, die auch Dana, die große Mutter und Geist der Natur ist, verlangt danach, dessen Abbild zu empfangen und wiederum ihre Nachkommenschaft von Sternen und sternenhaften Wesen hervorzubringen. Dann wird der erste Quell entsiegelt, sieben Ströme entspringen ihm wie feurige Wirbelwinde, und Sinan wird hinweggerissen, vermischt sich mit dem Strom, und wenn die Wucht des Sturzbaches in sich zusammenbricht, findet auch Sinan den Tod.

Welche anderen Namen Connlas Quelle und der heilige Hasel in der keltischen Überlieferung haben, kann später entdeckt werden, an diesem Punkt jedoch ist es besser, ohne Erwähnung von Namen, die nur verwirren, bis man ihre Bedeutung kennt, den keltischen Welterschaffungsmythos mit einem Minimum an Symbolen darzulegen.

Als erstes haben wir Lir, ein unendliches Wesen, weder Geist, noch Energie, noch Stofflichkeit, sondern eher die spirituelle Form davon, worin sich alle göttlichen Kräfte, über sich hinausgehoben, in einer mystischen Verbindung oder in einem tiefschlafähnlichen Zustand befinden. Das ist die Nacht der Götter, wovon Mananan, die geistigste aller den alten Gälen bekannten Gottheiten, als erster erwacht, das Gegenstück jenes Geistes, der über die Wasser hinwegatmete. Er ist der Grund, woraus der heilige Hasel entspringt, das Symbol des sich überall hinverzweigenden Lebens; und die Erscheinungsformen dieses Lebens werden zuerst von Mananan, der göttlichen Vorstellungskraft, ersonnen. Es geht in sieben Formen oder Gottheiten auf, den Zweigen des Haselbusches, und diese wiederum brechen endlos in Blätter, Blüten, Früchte, in Myriaden göttlicher Wesen aus, die

Archetypen und Stammerzeuger jener Geister, die Lirs Kinder sind. Alle diese ruhen anfangs in der göttlichen Dunkelheit und sind nicht wahrnehmbar; Mananan ist noch das unausgesprochene Wort, in dem Zustand, wovon das chaldäische Orakel von Proklus vom göttlichen Geist spricht: »Er war noch nicht aus sich herausgetreten, sondern weilte in der väterlichen Tiefe, und im Allerheiligsten der gottgespeisten Stille.« Aber Mananan, während er im wesentlichen eins ist mit dem väterlichen Lir, ist doch als göttliche Vorstellungskraft eine eigene Gestalt, dem beim Darübernachsinnen Lir abgetrennt erscheint oder von einem Schleier verhüllt. Und dieser Aspekt von Lir, ein Scheinbild, das das wahre Wesen von nun an überdeckt, ist Dana oder Sinan, nach den altehrwürdigen *Dinnshenchus*[14], die hibernische Göttermutter, eine erstmals von außen betrachtete Gottheit, weswegen sie an der Natur des Stofflichen teilzunehmen scheint, und, als Urform der Materie, das Geistige in der Natur. Mananan weilt als einziger aller Götter in diesem Geiste drinnen, weswegen er sein Mantel genannt wird, der, über Mensch oder Götter geworfen, diese vor dem Blick verkörperter Wesen verbirgt. Zu seinem Mantel, dem *Faed Fia*, finden sich viele Gegenstücke in anderen Mythologien. Es ist der Äther, worin Zeus unsichtbar wirkt, das Akasa, wodurch Brahma seine ewige Freude singend ausdrückt. Alle waren sie mit dem Laut als einer kreativen Kraft verbunden; für die mystische Vorstellung der Vergangenheit wurde die Welt ins Dasein hochgesungen, aber welch anderer Gedanke inspirierte den Apostel, der schrieb: »Am Anfang war das Wort«?

---

14 *Dinnshenchus*: Sammlung von Sagen, die Ortsnamen aus der inselkeltischen Überlieferung erklären.

Aus göttlicher Dunkelheit erhob sich Mananan, ein brütendes Zwielicht vor Tagesanbruch, worin sich die Wolkenbilder der Götter drängen. Noch immer jedoch ist hier eine enorme Wesenstiefe, ein Gefühlsleben, zu gewaltig, zu geistig, zu unnahbar, um darüber zu sprechen, denn die Wörter, die wir heutzutage benützen, können seine Geschichte nicht erzählen. Es ist die noch unbelebte Liebe, oder doch nicht Liebe, eher eine verborgene, unaussprechliche Zärtlichkeit oder Freude oder die Möglichkeit davon, die erwacht, während das Bild der göttlichen Vorstellungskraft sich im Wesen der Mutter spiegelt und dann losstürzt, um es zu umarmen. Der Quell unter dem Haselstrauch ist aufgebrochen, die Schöpfungskräfte regen sich. Die vielen nehmen ihren Ausgang von dem einen. Eine Energie, Liebe oder ewiges Sehnen hat sich aufgemacht und sucht durch Myriaden Formen der Illusion nach dem unendlichen Wesen, das es verlassen hat. Es ist Angus, der Junge, die ewige Freude, die zu Liebe wird, eine Liebe, die sich in Verlangen verwandelt und zu irdischen Leidenschaften und Vergessen der eigenen Göttlichkeit führt. Die ewige Freude wird zu Liebe, wenn sie sich anfangs mit einer Form verbunden hat und Bilder göttlicher Schönheit vor ihr hertanzen und sie weit weglocken. Dies ist die erste in Erscheinung getretene Welt, *Tirnanoge* oder die Welt der unsterblichen Jugend.

Liebe wandelt sich in Verlangen im Maße, wie sie tiefer in die Natur hineingezogen wird, und dieses Verlangen erbaut die Zwischenwelt oder Welt der Wasser. Und endlich, wie sie die irdischen Symbole ihres Verlangens ergreift, wird sie auf Erden zu jener Leidenschaft, die geistigen Tod bedeutet. In einem weiteren Sinn kann Angus beschrieben werden als Übergang zur Aktivität von einer in Lir latent vorhandenen Kraft, die aus der göttlichen Vorstellung heraus arbeitet, ihre Ideationen der Natur in ihrem geistigen Zustand aufprägt und dadurch Myriaden Verwandlungen auslöst. Sie ist der Quell, aus dem jede Energie entspringt, von der Kraft, die die Welt im Innersten zusammenhält, über Liebe und jede Form des Verlangens bis hinunter zu chemischen Affinitäten, genauso wie Mananan der Ursprung von allem bewußten Leben ist, vom majestätischen Götterwesen bis zum Bewußtsein der Ameise oder Amöbe. So ist Dana auch die Grundlage jeder materiellen Form, vom unvergänglichen Körper der Unsterblichen bis zur vergänglichen Hülse einer Mücke. Wie diese Gottheit aus ihrem ursprünglichen Zustand von ekstatischer Zärtlichkeit oder Freude in Lir hervorgeht, beginnen seine getrennten, vorgeformten Strahlen ein dreifaches Leben in geistiger Liebe, in Verlangen und in den dunklen Leidenschaften der Liebe. Diese drei Zustände besetzen für sich drei Welten, wozu sie Danas Urnatur umgestalteten: eine Welt der unsterblichen Jugend, eine Zwischenwelt, worin sich alles nach Wunsch verändert und die ihrer Schwankungen wegen als Welt der Wasser bezeichnet wird, und letztlich die Erdenwelt, wo die Materie die feste Form angenommen hat, worin sie unbelebt oder tot erscheint. Die Wucht der Quelle, die Sinan hinwegwirbelte, hat sich erschöpft, und Sinan hat den Tod gefunden.

Die Vorstellung von Angus als einer alles durchdringenden Gottheit, die als erste Sein mit Nichtsein verbindet, scheint gedankenmäßig viele Äonen von jenem schönen, goldhaarigen Jüngling entfernt, der, umgeben von singenden Vögeln, auf dem Tympan[15] spielte. Der goldhaa-

15 Harfenähnliches Instrument.

rige Angus der Barden ist jedoch mit dem frühen Eros verwandt, denn in den Druidenmysterien sandten alle Götter glänzende Zeugen ihres schrankenlosen Seins aus, die in den Palästen der *Sidhe*[16] thronten und dem Menschen, der das Wagnis auf sich nahm, mehr als ein Mensch zu werden, den Weg ins gelobte Land wiesen.

Was aber ist Angus in Wirklichkeit, was ist Dana, und wie können sie für uns real erfahrbar werden? Man gewinnt sie nicht durch eifriges Sagenlesen, denn sie sind bereits mit uns. Ein Kind sitzt im Gras, mitten im Sonnenlicht. Die sanften Farben lullen es ein. Es verfällt ins Träumen, in einen träumerischen Zustand, erfüllt von unfaßbarer Erregung. Es macht ihm Vergnügen, eine heftige, unwiderstehliche Freude, die Erde zu berühren, oder es legt den Kopf in wortloser Zärtlichkeit an eine Mutter oder Schwester, getrieben von der Seelenstimmung, näherzurücken an etwas, was ihm lieb ist. Diese Zärtlichkeit im weiten, träumerischen Herzen der Kindheit ist Angus, und die Mutterliebe, die es erahnt, ist Dana; und die Formen, welche diese alles durchwebenden Gottheiten im Herzen des Kindes und der Mutter annehmen, einerseits Verlangen, andererseits tiefe Zärtlichkeit oder Mitgefühl, sind von allen Seelenlagen auf Erden der ersten Liebe und der Mächtigen Mutter am nächsten, und durch sie läßt sich das Göttliche andeutungsweise verstehen. Bleibt das Verlangen ungetrübt, sei es durch Unschuld oder Weisheit, wird es im Erwachsenen zur ständigen Beschäftigung mit dem Geistigen, oder, wie es in einem vorigen Zitat besser ausgedrückt ist:

---

16 Mit *Sidhe* werden sowohl die Feenhügel Irlands als auch deren Bewohner bezeichnet.

»Das unaussprechliche Sehnen des inneren Menschen, hinauszugehen ins Unendliche.«

Von Dana, der hibernischen Göttermutter, habe ich bereits erwähnt, daß sie die erste geistige Form der Materie ist und daher Schönheit. Da jedes Wesen in Form gekleidet aus ihrem Schoß heraustritt, ist sie die Mächtige Mutter, und als Mutter aller jenes Mitgefühl, das über die Götter hinausgeht und der göttlichen Gerechtigkeit als endgültiger Schiedsrichter dient. Ihr Herz ist in dem unseren immer dann, wenn es vergibt.

Andere Namen ließen sich in diesem keltischen Welterschaffungsmythos verwenden, der Dagda für Lir, Boan für Dana, Fintan für Mananan, und andere könnten wiederum mit diesen ausgetauscht werden. Wie Generationen einander durch die Zeiten ablösen, wobei jede auf dieselbe, unveränderte Natur hinblickt wie die Vorfahren, sie jedoch bei anderen Namen nennt, so wurden in alten Zeiten Völker von anderen überrannt, die herkamen mit einer abgesehen von Namen und Sprache in allem Wesentlichen gleichen Kosmogonie, wie diejenige der Überfallenen. In Jahrhunderten entsteht ein Kulturgemisch, das in die Sage absackt, was ein verwirrendes Mythologiemosaik entstehen läßt. Die Einheit der ursprünglichen Sicht bricht sich im Prisma der Literatur. In der Volksvorstellung vermehren sich Gottheiten und bestehen dort nebeneinander her, die in Wahrheit, wäre ihre geistige Abstammung bekannt, nur verschiedene Namen des einen göttlichen Wesens sind. Es gibt verschiedene Mythologien in der irischen Sage, deren Gestalten von späteren Dichtern zu Zeitgenossen gemacht wurden, und während es für den Gelehrten von Interesse sein dürfte, diese auseinanderzupflücken und jede Gottheit mit ihrem entsprechenden Zyklus in Beziehung zu setzen, ist einzig die Sicht des Universums, die allen zu Grunde liegt, wirklich wichtig. Jene spirituelle Überwelt, welche unsere gälischen Vorfahren sahen, war in allen wichtigen Punkten dieselbe wie diejenige, wovon die heiligen Bücher künden; und in den Wundergeschichten der Gälen finden wir großartige weltliche Belege einer heiligen Literatur und einer halbheiligen Philosophie, wie sie Plato durch Sokrates' Mund verbreitet. Erd-, Zwischen- und Himmelswelt waren ihnen bekannt, wie sie in den *Upanischaden* erläutert werden. Dieselbe Sicht können wir im Apostel erkennen, der den Anbeginn setzte in der Erfüllung des Daseins, woraus der Christus oder die göttliche Vorstellungskraft entsprang, in der, als sie ihrem Schaffenszyklus nachging, sich der heilige Atem entfaltete oder ward, und diese arbeiten und scheinen nun wiederum im Dunkel der Erde. Und wenn St. Paulus von einem dritten Himmel spricht, so ahnen wir, daß er sich in die Welt des Christus erhoben hatte und dort in Mysterien eingeweiht wurde, worüber zu sprechen nicht rechtmäßig war. Die heiligen Bücher sind von tiefgründigerem Leben erfüllt als die weltliche Literatur, worin zwar visionäre Schau vorkommt, in den heiligen Büchern jedoch drückt sich das Sein aus. Der Menschengeist bedarf der Führung in Rückschau, Meditation und hohem Streben; und diese spirituelle Architektur, Erd-, Zwischen-, Himmelswelt mit der sich darüber erhebenden Gotteswelt, machte meine eigene Schau, soweit sie eben ging, mir selbst verständlich, denn meine unzusammenhängenden Einblicke in das Übernatürliche schienen sich in diese himmlische Architektur einordnen zu lassen. Auf vorigen Seiten beschreibe ich meine ersten Visionen von anderen Ebenen und die dortigen Wesen, wie manche glänzten und andere, ein noch herrschaftlicheres Volk, von innen heraus strahlten, als hielten sie eine Sonne im Herzen verborgen. In der Rückschau finde ich, daß alle meine Visionen in zwei Kategorien fallen, die, so meine ich, der Zwischenwelt und der Welt der unsterblichen Jugend unserer Vorfahren entsprechen. Meine Einblicke in die höchste dieser Sphären waren selten, und nur einmal folgte das Bewußtsein wirklich für einen Augenblick den Seherkräften nach, und mir schien, als befände ich mich in der Welt, über die ich Betrachtungen anstellte. Zu anderen Zeiten war ich wie einer, der die Gärten eines Palastes nicht betreten kann, aber von ferne durch die Tore ihre Schönheit bestaunt und Menschen einer höheren Art sieht, die sich in einer für seine Augen zauberhaften Welt bewegen. In einer in diese eingeschobenen Sphäre sah ich von Strahlenlicht, Farbe und Ton verzückte Wesen, Liebende, die von ihrer Glückseligkeit verzaubert schienen, so wie es in alten Geschichten von den Liebenden auf der Ebene Moy Mell heißt, und mir kamen sie vor wie jene, die in alten Zeiten in der Erde gelebt hatten und jetzt in der Welt der Glückseligen weilten. Und ich sah, ohne mir selbst ihre Verbindung mit jener Übermenschheit erklären zu können, Wesen, wie sie die alten Dichter beschrieben, ein göttliches Volk, die, wie ich denke, niemals menschlich, sondern jene waren, von denen man als den *Sidhe* spricht. Ich hatte nicht genügend Einblick, um mit Sicherheit über ihr Leben zu sprechen, und ich weiß nicht, ob es einem nützlichen Zweck diente, Visionen zu erzählen, die für mich selbst verworren sind. In die untere der beiden Sphären sah ich öfter hinein, vermochte vom Gesehenen jedoch nur wenig zu verstehen. Ich werde eine oder zwei Visionen von vielen erzählen. Ich fühlte mich zur Meditation bei einem tiefen Teich mitten im Wald hingezogen. Es war ein Ort, der mit übernatürlichem Leben aufgeladen war und von den Leuten der Umgebung mit ehrfürchtiger Scheu betrachtet wurde. Als ich in das dunkle Wasser sah, schien mein Bewußtsein darin zu versinken, und ich fand mich in einer anderen Welt. Sie war mit mehr Licht erfüllt als diese, und ich traf dort auf einen, der König über die Elementarwesen zu sein schien. Er saß auf einem Thron, und ich sah, daß ein schimmernder Luftstrahl, wie aus einem Springbrunnen, unter seinem Thronsessel hochschoß und daß er aus dem Einatmen desselben seine Kraft bezog. Seine Gestalt war von einem glänzenden Blau und schillernden Gold, die Brust glänzte, wie bei vielen höheren Wesen, und ein goldenes Licht schien seinen ganzen Körper zu durchfluten und durch die silbrige Bläue durchzuschimmern. Die Sippe, der er gebot, war kleiner als er, und ich sah sie zur Rechten des Thrones hinuntersteigen, der Farbenschimmer abgeblaßt zu einer Art Grau, und jeder, wie er vor den Thron zu stehen kam, beugte sich vor, und preßte die Lippen auf des Königs Herz, und sofort nach der Berührung füllte er sich mit Leben und schoß hoch, feuergefiedert und strahlend, und fortwährend stiegen die grauen Elementargeister auf der einen Seite hinunter, und fortwährend stiegen strahlende Gestalten auf der anderen hoch, und ich weiß nicht, was das zu bedeuten hat. Ein andermal schaute ich, wie eins der geringeren Wesen als Bote aus dem Herzen eines größeren herausflog, und sah, wie es zum Herzen zurückfand, und wie das kleinere im größeren verschwand und ich weiß nicht, was das zu bedeuten hat. Ein andermal staunte ich, denn ich sah aus dem tiefen Wasser sieben leuchtende, silberne Gestalten hochkommen; sie hielten in den hochgehaltenen Händen, drei auf der einen, drei auf der anderen Seite und einer darunter, den Griff eines riesengroßen, aus züngelnden Flammen geschaffenen Schwerts und schwangen die mächtige Waffe durch die Luft und sanken ins Wasser zurück. Danach entstiegen ihm sieben andere, die einen großen Speer hielten, ihn gegen den Himmel richteten und wieder untergingen; danach kamen zwei hoch, die einen Kessel trugen, und nach ihrem Verschwinden stieg eine einzelne Gestalt auf und hielt in der Hand einen großen, glitzernden Stein. Warum diese herrlichen Wesen die vier kostbaren Symbole der *Tuatha Dé Danaan*[17] herbringen sollten, weiß ich nicht, denn die Zwischenwelt ist, wie Usheen auf seiner Reise nach Tirnanoge erfuhr, voller merkwürdiger und schöner Gestalten, die unentwegt um den mystischen Abenteurer herum erscheinen und verschwinden, und man kann da viele der Wesen sehen, wovon die Barden erzählen: Wesen, die wie Lir oder Mananan auf geflügelten Rossen reiten oder wie Angus Oge von vielfarbigen Vöglen umgeben sind; aber warum diese Bilder voll Schönheit und Geheimnis dort sein sollen, entzieht sich meiner Kenntnis. Sie sind jedoch in die Vorstellung von Dichtern der Vergangenheit eingegangen und gehen in die Vorstellung anderer, noch Lebender ein. Ich kann nur vermuten, daß sie die Namen von Mananan, Angus, Dana oder Lir erhielten, weil sie Sprachrohre von körperlosen Gottheiten waren, und vielleicht repräsentierten sie diese, auf hohen Thronen sitzend, bei den Druidenmysterien, und wenn dem Sterblichen Unsterblichkeit verliehen wurde, sprachen sie ihn einzeln aus ihrer eigenen, besonderen Weisheit heraus an. In mir, und, wie ich weiß, in anderen, erweckten sie Ekstase. Einem, der auf dem Hügel namens Brugh am Boyne ausgestreckt lag, erschien eine Gestalt von der Art, die die Barden als Angus beschrieben, und sie rief aus: »Kannst du mich nicht sehen? Kannst du mich nicht hören? Ich komme vom Land der unsterblichen Jugend.« Und ich, obwohl ich meiner Sprache nicht sicher war,

17 Die *Tuatha Dé Danaan* sind, wie bereits oben erwähnt, inselkeltische Götter vom Stamm der Göttermutter Ana/Dana.

fühlte, wie die Worte mir ungestüm ins Gehirn hochschossen und meine eigene Vision des Gottes interpretierten, und sie schien mir zuzurufen: »O schau doch, unsere Sonne geht für uns auf, geht immer für uns auf, mit ewig jungen, triumphierenden Stimmen. Eure Sonne ist nur ein rauchiger Schatten; uns gehört der rote, allmächtige Glanz. Euer Feuer ist weit weg, das unsere, in unserem Herzen, lebt jedoch immerdar und erscheint durch Wald und Welle anbetenden Augen auf ewig als Morgenrot. Aus feurigem Purpurgefieder verstrahlen meine Vögel das Licht der Lichter. Ihre Küsse erwecken die Liebe, die niemals vergeht und durch den Tod zu mir führt; meine Liebe soll in der deinen sein, wenn Liebe Opfer ist.« Ich glaube nicht, daß entweder zu mir oder zu meinem Freund solche Worte gesprochen wurden, aber das ganze Sein wird in der Vision herausgehoben und überwältigt; und die Worte, die mir ins Bewußtsein geflogen kamen, stehen vielleicht für unsere plötzliche Harmonie mit einem Leben außerhalb von uns, und wir interpretieren in unseren Worten das Leben des Geistes. Manche deuten das Geistige als etwas Trübseliges, andere als etwas Freudiges, aber in diesem Land, glaube ich, wird es immer seine phantasievolle, wunderbare Geschichte von der unsterblichen Jugend laut bekanntgeben und wird seine Jünger einem Himmel entgegenführen, wo sie berauscht sein werden von soviel Schönheit. Was ist das alles? Dichtung oder Einbildung? Es ist über Tausende gekommen, zu allen Zeiten, in allen Ländern, und aus solchen Visionen stammt alles, was in Dichtung oder Kunst am allerschönsten ist. Solche Gestalten bewohnten Shelleys leuchtendes Wolkenland, und sie standen in Phidias' Herzen Modell; sie begleiteten Künstler, Dichter und Musiker seit dem Weltenbeginn. Und sie werden mit uns sein, bis wir in ihre Herrlichkeit hineinwachsen und von ihnen lernen, die Bestimmung des Menschen zu erfüllen, indem wir unsere mühevolle Arbeit zu Ende bringen, nämlich diese Welt dem Königreich des Lichtes gleich zu machen.

Erde

Ich stelle mir die Erde als Boden einer Kathedrale vor, wo Altar und höchste Anwesenheit überall im Raum sind. Diese Verehrungshaltung stellte sich ein, als ich als Halbwüchsiger an einem in allen Farben übergehenden Sommerabend den Vogelstimmen lauschte und plötzlich Vögel, Bäume, Gras und die getönte Luft und ich selbst eine einzige Seelenstimmung oder Gemeinschaft schienen, und da wußte ich mit Sicherheit, daß derselbe Geist in allem ist. Ansatzweises Niederbrechen der Schranken, und schon würde sich Wesen mit Wesen vermengen. Whitman[18] schreibt von der Erde, daß sie anfangs ungehobelt und unbegreiflich sei. »Aber ich schwöre«, ruft er aus, »daß da göttliche Dinge stecken, wohlverborgen.« Immerhin sind sie nicht so versteckt, daß sie ein Verehrer nicht entdecken kann, und dem Liebenden zeigt sich die Natur wie eine schüchterne Maid, die sich langsam zu einem hingezogen fühlt, der sie aus der Ferne anbetet, und den sie erstmals zur Kenntnis nimmt durch das Heben des Schleiers, einen lange in Erinnerung bleibenden Blick, ein schimmerndes Lächeln, und schließlich kommt Sprache hinzu und das Vermischen von Leben mit Leben. So erhält der Liebhaber der Erde seine Belohnung, und nach und nach wird der Schleier von einer unerschöpflichen Schönheit und Hoheit weggezogen. Es kann vorkommen, daß er in geistiger Zwiesprache in Verzückung gerät oder spürt, wie sein Wesen in das Wesen der Elemente hinüberfließt, oder sich gewahr wird, daß sie ihr

18 Walt Whitman (1819–92): amerikanischer Dichter.

Leben dem seinigen einhauchen. Oder die Erde erscheint ihm plötzlich ganz feenhaft, und Erde und Luft widerhallen von der Musik ihres unsichtbaren Volkes. Oder die Bäume und Felsen können vor seinen Augen erzittern und durchsichtig werden und entdecken ihm, was für Geschöpfe vor ihm vom Vorhang versteckt waren, und er wird, wie die Alten, um Baum- und Waldnymphen, Genien von Wald und Berg wissen. Oder die Erde kann plötzlich an einsamem Ort in den Hügeln um ihn herum in übernatürliches Licht ausbrechen, und er merkt, daß er, wie der Prophet, an einer Stelle steht, die heiliger Boden ist, und er darf die berauschenden Schwaden einatmen, wie die Weissagerinnen von ehemals. Oder seine Geliebte schafft ihn im Traum schnell hinweg, um ihn an höheren Mysterien teilnehmen zu lassen, und er mag wohl die Palastgemächer der Natur zu Gesicht bekommen, wo die Weisen im Verborgenen sitzen und über die Nationen wachen, da Kräfte in das Herz des einen, dort in das Gehirn des anderen hauchen, oder über jeden, der in ihrer Schau den Anschein der Wahrheit trägt. So begreift der Liebhaber der Erde, daß die Goldene Welt all überall um ihn herum ist, in unvergänglicher Schönheit, und von dieser Sicht kann er zu der höheren Herrlichkeit des Seins gelangen und sich bewußt sein, daß in ihm und um ihn ewige Liebe herrscht, die sich ihm anschmiegt, und seinen Körper, seine Seele und seinen Geist mit unendlicher Zärtlichkeit erhält.

Ich habe die Erscheinung dieses Wesens etwas verundeutlicht durch allzu breites Ausmalen dessen, was merkwürdig ist, aber ich wünschte, andere an diese Meditation heranzubringen, falls es durch vernunftbegründetes Überzeugen möglich ist, den Intellekt von seinen eigenen Fesseln zu befreien, so daß die Vorstellungskräfte daraus hervorgehen könnten, wie Blake sagt, »in ungezügelter Herrlichkeit«. So hielt ich das Traumgesicht zurück, woraus Kunst hätte entstehen können oder die Verzückung, die zur Dichtung geworden wäre, und bat sie, mich lieber zum Urquell zurückzuführen, dem sie entsprungen waren. Ich glaubte, daß wir durch diese Meditation den Zauber und die Schönheit der Erde für uns erneuern und die Bedeutung unklar gewordener Stellen in den heiligen Büchern verstehen können. Wir haben uns so weit von der lebenswichtigen Berührung mit den göttlichen Kräften entfernt, daß diese für die meisten zu Benennungen von Abstraktionen geworden sind, und diejenigen, die lesen, wissen nicht, daß die mächtige Mutter die Erde ist, worauf sie auftreten und deren heilige Stofflichkeit sie »Dreck« nennen. Oder daß der Heilige Geist die Stärke in unserem Wesen bildet, die Kraft, die Atom mit Atom verbindet und die Erde mit dem Himmel; oder daß der Christus der Magier des Schönen ist und überdies nicht nur der Baumeister der Gotteswelt, sondern in uns dasjenige, was Schönheit erkennt und Schönheit erschafft und die echte Weisheit in uns, unser höchstes Ich; oder daß der Vater der Quell aller Stofflichkeit, Kraft und Weisheit ist und daß wir nicht vermögen, eine Augenwimper zu heben, es sei denn, unser Sein gründe in ihm. Wenden wir uns von Büchern der lebendigen Natur zu, fangen wir an, die uralte Weisheit zu begreifen, und es bleibt nicht nur bei der Abstraktion, denn der große Geist, dessen Heimat die Unermeßlichkeit ist, wird für uns zum wandernden Glanz am Himmel, eine niedertauende Zärtlichkeit beim Morgengrauen, ein weissagendes Licht in den Hügeln, eine Stimme im Herzen, die Erde unter unseren Füßen wird heilig, und die Luft, die wir atmen, ist wie von einem himmlischen Mundschenk für uns eingegossener Wein.

Im Maße, wie wir mit der Erde vertraut werden, verstehen wir, was für köstliche und erhabene Dinge die Menschheit erwarten, wenn sie zurückkehrt zu dieser vergessenen Mutter. Wer möchte schon ehrgeizig sein, wer würde einen Namen wie Caesars in die Luft schmettern, wenn er sähe, was für Throne und Würden den himmlischen Abenteurer erwarteten? Wer würde Haß empfinden, wenn er unter der Hülse des Körpers den dort verdunkelten und gefangenen Geist sehen könnte und entdeckte, daß dieser ein Bruder seines eigenen ist und alle Kinder des Königs sind? Wer würde der Natur überdrüssig oder fände sie öde, wenn der Schleier einmal für ihn gelüftet, wenn er der großen Herrlichkeit ansichtig geworden wäre? Würden sie sich nicht alle nach dem Heraufziehen jener göttlichen Stunde im Zwielicht der Zeit sehnen, wenn aus Fels, Berg, Baum, Vogel, Tier und Mensch die seraphischen Geister von allem, was lebt, heraustreten werden und erkennen, daß sie verwandt sind, und alle zusammen, das Wilde zahm, das Verschüchterte mutig und das Kleine groß, in das väterliche Wesen zurückkehren und eins werden in seiner Unendlichkeit?

Gelangen wir zu dieser Schau, wird die Natur wie durch Zauber vor unseren Augen hinwegschmelzen und Kräfte, die furchtbar scheinen, Dinge, die in ihr verabscheuenswert schienen, werden sich als Brüder und Verbündete herausstellen. Bis dahin bleibt sie von unseren Konflikten ungerührt und wird weiterfahren mit ihrem unaufhörlichen Mühen.

Kein Zeichen zeigt an, wenn Reiche vergehen,
Noch sind Blumen und Sterne in seiner Hut,
Die Sternenbilder versteckt im Gras,
Die goldenen Wunder in der Luft.

Das Leben zerreißt im Augenblick,
Wenn Tod ist glitzernd, blind und wild,
Das himmlische Sinnen gerichtet ist
Bis zum Letzten auf sein Kind.

Er schickt die Glut in Hirn und Herz,
Leben wird zauberhaft, bis dann,
Körper und Geist auseinandergetrennt,
Der Ewige seinen Willen erfüllt.

In dieser Orchis, die dein Fuß
Beim nächsten Schritt zerstören wird,
Winzig, voll Leidenschaft, und süß,
Freude dem Mächtigen Meister ist.

Auch wenn dies Juwel, zertrampelt, vergeht,
Des Künstlers Mühe endet nicht,
Und aus den Trümmern soll erstehen
Ein weitaus herrlicheres Meisterwerk.

Bibliographische Notiz

Das englischsprachige Original von *Weg zur Erleuchtung, The Candle of Vision*, ist 1918 im Londoner Verlag Macmillan erschienen – die amerikanische Ausgabe, mit der Widmung an James Stephens, 1919 im New Yorker Verlag Macmillan. Das Original ist zur Zeit in drei Ausgaben erhältlich, als Faksimile-Ausgabe, A. E.: *The Candle of Vision: Autobiography of a Mystic*, Hastings, Society of Metaphysicians, 1987, als in England und Australien erschienenes Taschenbuch, A. E.: *The Candle of Vision: Inner Worlds of the Imagination*, Bridport, Prism Press / Lindfield, Unity Press, 1990, und, mit Anmerkungen versehen, im dritten Band der beim englischen Verlag Colin Smythe erscheinenden *Collected Edition of the Writings of George William Russell (A. E.), The Descent of the Gods – The Mystical Writings*, Hg. Raghavan und Nandini Iyer, Gerrards Cross, 1988. Zusätzlich zu dieser auf neun Bände projektierten Ausgabe – die zweibändige Auswahl aus Russells Beiträgen zu der Zeitschrift *The Irish Homestead* ist schon erschienen, weitere Bände sollen Russells Schriften zu Kunst und Literatur, Politik und Gesellschaft, seine Gedichte und seine Malerei abdecken, der letzte Band ist als Bibliographie geplant – sei auf folgende Veröffentlichungen hingewiesen: Henry Summerfields Russell-Biographie, *The Myriad-Minded Man – A. E.*, 1975, und Erinnerungen an Russell, *The Man That Was A. E.* (in Vorbereitung), beide ebenfalls bei Colin Smythe.

Sylvia Botheroyd